Mental Toughness Training for Volleyball

▼Mike Voight

バレーボールの
メンタルトレーニング

マイク・ヴォイト……著
白石 豊……訳

大修館書店

Mental Toughness Training for Volleyball :

by Mike Voight

Taishukan Publishing Co.,Ltd.
Tokyo, Japan, 2009

推薦のことば

かつてある偉大なコーチは、「弱小チームを教えるときの苦しみは、いずれ最強チームを率いる喜びへと変化する」と述べている。

私は長年にわたって数多くの指導者講習会に参加してきた。そうした講習会ではたいてい、バレーボールの基本技術であるパスやトス、あるいはスパイクなどをいかに改善していくかに重きが置かれていた。しかし、メンタル面が勝敗を決するのに大きなウエイトを占めていることを多くのコーチがわかっているにもかかわらず、バレーボールにおけるメンタル面の仕組みやそのトレーニング方法については、ほとんど触れられることがなかったのである。

バレーボールでうまくプレイするには、技術がきわめて重要であることは言うまでもない。なぜならバレーボールは、ネットをはさんで相手と対しながら、ボールをたくみにコントロールし、ポイントを取り合うゲームだからであり、こうした技術の習得には相当な時間を費やす必要があるからである。しかし、その技術を生かすためにも、プレイする選手の心が自信に満ち、常にベストをつくそうという最適な状態になっている必要がある。したがって、こうした精神的な強さを身につけることにも技術練習と同じように十分な時間が割かれるべきであり、その具体的なやり方は本書の中で随所に紹介されている。

私が監督をつとめている南カリフォルニア大学のバレーボールチームは、これまで数多くの成功をおさめてきたが、そのプロセスの中でも本書に述べられているたくさんの情報を利用させていただいた。著者であるマイク・ヴォイトは、本書の中で数多くの独創的で使いやすいメンタルトレーニングやチームビルディングの方法を提示してくれている。そのおかげで、私たちはそれをそっくりそのままコートの上で使うことができてきた。本書で紹介されているメンタルトレーニングの方法を日々の練習に導入することによって個々の選手の力を伸ばすとともに、チーム力も大きく向上することであろう。これまでみなさんが試合で何となく感じてきた精神的な強さについて、マイクはその仕組みを見事にとらえ解説してくれているのである。

私は、本書がみなさんの日頃の指導に大いに役立つものであることを確信している。幸運を祈る。

マイク・ヘイリー
南カリフォルニア大学女子バレーボール監督
２００２、０３年全米チャンピオン
２００３年コーチ・オブ・ザ・イヤー

はじめに

これまでバレーボール選手の体力やコンディショニングといった身体面や、あるいは技術や戦略に関する本は数多く出版されてきた。これはごく当然のことで、バレーボールというスポーツは、こうしたことがきちんと身についていなくてはまったくゲームにならないからである。

しかし、これまでの本やビデオ、あるいは講習会などでほとんど取りあげられてこなかったのが、本書で扱う「心の領域」である。実際に、選手たちの精神的な面を改善する具体的なトレーニング方法を知っているバレーボールの監督やコーチは、まだほとんどいない。

近年、さまざまなスポーツでメンタルトレーニングの必要性が叫ばれ、また数多くの本も出版されている。バレーボールもまたきわめてメンタルなスポーツであることは言うまでもない。しかし、残念ながらこれまでバレーボールの精神的な面を本格的に取り扱った本は一冊もなかった。

以下に挙げたのは、バレーボールの試合や練習でよく見られるさまざまな心の問題である（括弧内は本書で取り扱っている章を表している）。

たとえば、

- 考えすぎてうまくプレイできない選手（第2章）
- 練習ではすばらしいのに、試合になると実力が発揮できない選手（第3章）

- スロースターターの選手やチーム（第4章）
- チームの目標や決まりを受け入れようとしない選手（第5章）
- 練習でやってきたことをすぐに忘れてしまう選手（第6章）
- 適切な栄養摂取や水分補給ができない選手（第7章）
- チームよりも自分を優先する選手（第8章）
- 負けたのは「選手の責任だ」と記者に言ってしまうような監督（第9章）
- 大試合のプレッシャーにつぶされやすい選手（第10章）
- 練習量ばかりに走りがちなチーム（第11章）
- 選手にメンタルトレーニングをうまく指導できない指導者（第12章）

本書は、バレーボールのメンタルトレーニングについて、選手や指導者に具体的な方法を提供しようとするものである。多くの指導者は、自分のチームがなかなか力を発揮できないという問題に頭を悩ませており、その解決法に関する情報を求めている。そういう意味では、本書は理論と実践の両面から書かれており、十分にその期待に応えることができると信じている。

具体的には、第1部でバレーボール選手としての強さ、すなわちメンタルタフネスのしくみを、第2部では実力の発揮を妨げているさまざまな問題の説明を、そして第3部ではそうした問題に対して、一流の指導者、選手、そしてメンタルコーチたちが使ってきたトレーニング方法について説明している。また、問題を解決していくのに必要なツールとなる質問用紙やフィードバックシートなども用意した。さらに、さまざまなスポーツ種目の優れた選手や指導者の名言も収録しておいた。そうした言葉からも、勝者となるヒントをつかみ取ってほしい。

バックアタックを教えるのにいろいろな方法があるように、バレーボール選手のメンタル面を向上させるやり方も数多くある。メンタルトレーニングを、ただ〝ポジティブに考える〟とか、〝リラックスする〟とか、〝プレイをイメージする〟といった程度にとらえている人がいるが、そうではない。高いレベルでプレイするために必要な技術を身につけるのと同様に、心を鍛えていくにも質の高い練習とたゆまぬ努力を欠かすことはできない。選手は心・技・体のどの面でも、できていることとできていないことがよくわかっていなければならないし、うまくいかない原因にまで心を配れるようにならなくてはならない。

私は本書で、個々の選手ばかりでなくチーム全体としても、持っている力を最高に発揮できるようなメンタル面の強化法を提示しようと考えている。さらにまた、バレーボールの選手や指導者に、スポーツ心理学の重要性をもっとよく知ってもらいたいとも考えている。それというのも、バレーボール界にはいまもってメンタル面の重要性を感じていない選手や指導者が、まだまだたくさんいるからである。彼らの多くは、スポーツ心理学の知識などを〝インチキ〟だと思っている。そうした誤解を解くために、バレーボールの指導者がスポーツ心理学の知識を実際に利用している多くの事例も掲載した。

この本の中で紹介する実用的ヒントは、すべて「実証済み」であることは言うまでもない。幸いなことに、これまで私はメンタルコーチとして、ジュニアからプロ、オリンピックレベルに至るまでの優れた選手や指導者たちとともに活動し、彼らのプレイやコーチングをそばで見続けることができた。その意味で本書は、そうした知恵と実用的ツールの貴重なコレクションであると言ってもよい。読者のみなさんには、そうした知恵やツールを1つでも多く身につけていただき、真の勝者となることを熱望している。

●目次

第1部 強さのしくみ

第1章 バレーボール選手の競技力

身体的資質や技術、精神的強さといった言葉は、選手やチームの競技力を評価するのに日常的によく使われている。

1 身体的資質

バレーボール選手にとって第一に重要なのは、身体的な資質である。これはいわば親からの〝贈り物〟とも言うべきもので、先天的な部分がかなり大きい。しかし、まだ年齢の低い時期では、ある種の資質が表面化していないこともよくある。そのため指導者や親は、あまり急いでその子の将来についてとやかく言うことをせず、時間をかけて慎重に見守っていく必要がある。また、身長などはどうにもならないが、やり方によっては向上させられる身体的資質も少なからずある。バレーボール選手の身体的資質には、身長、体重、体型、スピード、巧緻性、敏捷性、柔軟性、機敏さ、空間定位能力などがある。

タレント発掘の問題を研究している科学者たちは、選手の競技力を表す項目の頭文字をとった言葉をよく使っている（クルカ、２００４）。

ＴＩＰＳは、技術（T＝Technique）、知性（I＝Intelligence）、性格（P＝Personality）、スピード（S＝Speed）である。また、ＴＡＢＳは、技術（T＝Technique）、態度（A＝Attitude）、バランス（B＝Balance）、スピード（S＝Speed）である。さらに、ＳＵＰＳは、スピード（S＝Speed）、理解力（U＝Understanding）、性格（P＝Personality）、技能（S＝Skill）である。

プロのクラブで実際に使われてきた競技力の評価基準が、バレーボール選手として大成するために重要である身体的、精神的、技術的、戦術的な資質をすべて含んでいることは興味深い。クルカは、ただ才能ある選手を見つけ出せばいいというかつての考え方から、最近ではむしろもっと積極的に、質の高い指導や環境を整えることで選手の才能を見分け、それに応じて指導し、さらに向上させていこうという方向へ変わってきていると述べている。

たとえばある選手にずば抜けた身体的資質が備わっていなくても、それだけで良いバレーボール選手になれないというわけではない。バレーボールは体格の良さだけでスーパースターになれるような単純なスポーツではないのである。そこには練習に対する努力や意欲、集中力などのさまざまな要素が総合的に関係してくる。

2 スキル

バレーボール選手の競技力の要素の二番目はスキルである。たとえば、ジャンプする、走る、ターンする、ダッシュする、フライングする、回転する、サイドステップを踏むなどはすべてスキルである。

バレーボールで目と体の協応が必要なスキルとしては、トス、レシーブ、ブロック、スパイク、ブロックカバーなどがある。たとえば、トスひとつとっても、実際には心と体が相互に連携を保つことで一連の滑らかな動きとなる。

以下にセッターを例として、トスのしくみについて説明しておこう。

- 移　動……状況に応じたフットワークが要求される。後衛からネット際へ移動しながらのトス、ジャンプトス、バックトス、など。
- 体　勢……良いトスを上げるためのポジショニングと構え、ネットとボールの位置関係、レシーブミスへの対応、二段トス、など。
- ボールさばき……指の開き具合、タッチ、適切なコンタクトポイント（トスを上げる手の位置）、手首の柔らかさ、など。

- 意志決定……どんなトスをするのか。トスの高低、トスの速さ、位置、スピンの量、軌道、など。
- 情報のインプット……状況をすばやく判断して、何をすべきかを決定する。その場合に、相手のポジショニングを的確に知るための空間的定位能力が重要となってくる。
- 戦術判断……これはセッターにとって最も重要な部分である。一番当たっているスパイカーに相手の最も弱い部分にスパイクを決めさせるにはどうするのかを、瞬時に決めることに集中する（この場合の集中は、広すぎず、狭すぎず、適切でなくてはならない）。

こうして書き出してみるとたくさんあるようだが、実際のトスは一瞬の動きである。セッターが的確なトスを上げるためには、目と体が協応して動けなくてはならない。さらにたえず安定したプレイをするためには、これに加えて精神的な安定、つまりメンタルタフネスがなくてはならない。しかし、実力を最高に発揮するためにメンタルタフネスが必要であるのはわかっていても、練習ではあまり重視されていない。

『メンタル・タフネス』の著書で有名なジム・レイヤー博士は、メンタルタフネスを「どんな状況であれ、一貫してその人の持つ才能とスキルを最高に発揮するための能力」と定義している。つまり精神的にタフなプレイヤーというのは、プレッシャーのかかる場面にあっても、たえず自信にあふれ、集中し、ポジティブな感情でエネルギーに満ち満ちているということである。

もしも精神的にタフになりたいのであれば、そのことについてあれこれ言う前に、まずメンタルトレーニングをやり始めることである。メンタルタフネスは、自分との対話（一般にセルフトークと呼ばれる）、思考、感覚、状況の評価などからつくりあげられる。

本書を読み進めればわかるように、バレーボール選手が何を話し、何を考え、どう感じているのかによって、コート上での彼らのプレイは良くも悪くもなる。実際、精神的にタフな選手は考え方もタフだし、セルフトークもタフである。また彼らは非常に過酷な状況にあっても、それをマイナスにではなく、むしろやりがいのある場だと考える。

ケン・ラヴィザ（アナハイム・エンゼルス、ロサンゼルス・ドジャースの元メンタルコーチ）は、「メンタルタフネスは、不愉快さを心地よさに変える能力」だと言っている。

3 自動化されたプレイ

バレーボール選手の競技力の三番目の要素は、自動化されたプレイである。バレーボールでは選手は自分のポジションに応じた課題を持ち、それに対して自分の持っているすべてを使ってプレイする。こうした自在なプレイを可能にするのは、長期にわたる質の高い反復トレーニングであるのは言うまでもない。選手がそのようにプレイできるためには、練習ゲームの中で競技力のすべての因子が実際に使えるようになるまで反復練習を続けるしかない。

最初は、ワンプレイを細部にわたって練習し、それができるようになったら次はゲームの中で使えるようになるまで練習を続けるべきである。心と体が協調して動けるようになるには、はじめは意識して練習しなければならない。しかし、質の高い練習を積み重ねることによって動きは次第に自動化し、最終的にはほとんど無意識にすばらしいプレイができるようになってくる。ここまでいかなくては、練習とは言えないということを肝に銘じるべきだろう。

第2章 技術と心の一体化――自動化

1 運動の自動化とは

スパイクやサーブをはじめて学ぶときには、お手本が示されたり、指導者からポイントのアドバイスがあったりする。選手はそれらのことにしっかり集中し、繰り返し練習をしなければならない。技術というのは修正するたびに最初の頃と同じようなプロセスを繰り返すことになる。どんな選手でもはじめは一度に１つのポイントしか意識できない。練習を繰り返していくらか上達しても、まだあれこれと意識しなければうまくいかない。しかし、それではミスが出る。

さらに練習を積んで技術のレベルが高くなると、次第に何も考えずに行うことができるようになる。これが「運動の自動化」である。こうして一連の運動プログラムが完成し、〝筋肉の記憶〟となって埋め込まれていく。このレベルに至ってはじめて、高度で安定したプレイが可能となる。

こうした学びのプロセスを説明するのによく使われるのが、車の運転の例である。免許を取ったばかりの初心者は、最初はカチカチに緊張している。こんな状態で1人で車を運転しようとすれば視野は狭くなり、いわゆる「トンネルビジョン」が起こる。発進するまでにもあれこれやらねばならない。まずシートベルトを締め、エンジンを始動し、ギアをバックに入れて、周囲をしっかりと見て安全を確認してから、車を動かし始める。

これはまだ序の口で、いったん車を走らせ始めたらもっと大変である。スピードをしょっちゅうチェックし、前方に注意しながらバックミラーやサイドミラーにも忙しく目を配る。さらには他の車や歩行者、交差点、ライト、標識など、注意を払わなければならないことは山ほどある。また、こうした膨大な外部情報ばかりでなく、はじめての運転につきものの怖さと不安が内側からも集中を妨げようと手ぐすねをひいている。

ところが、何度となく運転しているうちに、たいていのことは無意識のうちにできるようになっていく。こうなるとドライバーは、運転しながらCDプレーヤーの選曲ボタンを押してみたり、あるいは同乗者と普通に会話できるようになる。

以上の例でもわかるように、練習を重ねることによって、体も心もそして技術も一体となり、すべてが自動化されていくのである。

2 技術の改善

バレーボールの場合、それまでの技術に改良を加えようとすれば、たとえ一流選手であっても、こうした学びのプロセスを繰り返さざるを得ない。非常に小さな変更でも、それを完全にものにするためには、どんなレベルの選手でももう一度初心に返って、一つひとつに注意を集中して修正に取り組む必要がある。

ただし、こうしたわずかな修正であっても、それがミスを引き起こしやすい重要なポイントで、しかも時間があまりない場合には取り組むべきではない。このような技術的な修正作業は、それを完璧にやり終えるのに必要な時間が十分にあるときに行われるべきである。

質の高い練習を十分に繰り返すことができれば、変更した部分も再びまとまってきて、望んでいた結果につながるものである。現在、世界最強のゴルファーであるタイガー・ウッズは、最初にマスターズで優勝してから、数年かけてスイングの改良に取り組んだ。長い時間をかけた改良の結果、彼は世界で最も安定した最強のスイングをつくりあげることに成功したのである。

ロジャー・クレメンス（米大リーグ）、ウェイン・グレツキー（アイスホッケー）、ブレット・ファヴレ（アメリカン・フットボール）、カーチ・キライ（バレーボール）、ホーリー・マックピーク（女子ビーチバレー）、ポーラ・ワイショフ（女子バレーボール）らは、たえずより高いレベルへと自分を高めようとしたスーパースターたちである。より高いレベルを求めての改良は、それまでの何かを変えるということであり、それにかかる時間の長さから考えても、危険性をはらんでいることは言うまでもない。しかし彼らは、すでに自動化されている技術にさらに新しい要素を加え、再びそれを自動化できるまで、恐ろしいほどの時間を練習に費やすことができた選手たちだった。

「青信号なら行けばいい。本能と感覚でプレイすれば、すぐに自動操縦状態に入れる。それがあなたにとっての最高のゲームとなるはずだ。たいていの人は、内なる声が〝大丈夫、できるよ〟と言ってくれているのに、あれこれと考えてしまってやろうとしないのだ」

――タイガー・ウッズ、4回のマスターズチャンピオン（2001、p.259）

たとえいったん自動化されたものでも、いろいろな妨害因子によって不安定になることもある。第2部では、そうした自動化を妨げるさまざまな問題について詳しく述べていく。

妨害の悪影響を自分でブロックしてしまえる選手は、プレッシャーのかかる試合でも安定してプレイすることができる。たとえば、選手の実力発揮を妨げる問題のひとつに集中力の低下がある。選手の集中力は、特に大勢の観客の中で目も耳も注意力を削がれるような状況ではかなり制限される。しかし、そうした過酷な状況にあっても、次のプレイに最善を尽くさなければならない。

優れたブロッカーは、次のブロックをどう跳んだらいいのかというヒントを、ネット越しに相手を観察しながら見つけようとするだろう。またセッターは、相手ブロッカーの動きをすばやく読みながら、どこにどのようなトスを上げるのかをイメージする。それは他のどのポジションの選手にも言えることで、良い選手は次のプレイのための最も大切なポイントを細心の注意を払って探している。こうすることによって、次のプレイでなすべきことがはっきりするばかりでなく、同時にミスにつながる雑念を捨てることもできるのである。

技術と心のメカニズムを改善することで、実力の発揮を妨げるさまざまな問題にどの程度対処できるようになるのだろうか。その答えは、心と体の一体化をいかに強固にできるかというところにあり、それは本書の全体を通じて説かれているスポーツ心理学の主要な原則でもある。

心は、われわれの思考、セルフトーク、気持ち、感覚、やる気、知覚などすべてを含み、また体は、肉体的感覚、技術レベル、体力などからなっている。この両者が組み合わさって、うまく働くかがすべての鍵を握っているのである。

第3章

実力を発揮するための戦略

この章では、心が選手の実力発揮をいかに助け、また逆に邪魔するかについての重要な情報を提供する。また、選手やコーチが心と体の一体化を利用することで得られたアドバンテージによって、最高のパフォーマンスを発揮できるような応用モデルについても説明していくことにする。

「チームの精神的な状態をよく分析し、それを上手にコントロールできる監督が率いるチームは、そうしたことに無頓着なチームより常に優位に立つことができる」
——ピート・ウェイト、ウィスコンシン大学バレーボール監督（2002、p.306）

「現代の競技スポーツでは、あらゆることが相互に関連している。つまり、あなたが何を考え、行動し、何を食べ、眠り、さらに闘争心や自分の人生に対する情熱などといったことすべてが密接に関連して、あなたの競技力となっているのである」

――ジム・レイヤー博士、メンタルコーチ（ブレイデン、2002、p.33）

「勝つために努力するというなら、それは完璧でなければならない。中途半端な努力は、中途半端な結果に終わる。私はスポーツの試合の90％は心の部分が占めていると思っている」

――マイク・スツープス、アリゾナ大学アメリカン・フットボール監督

これらの言葉は、過去にすばらしい実績を残したスポーツ指導者たちのものである。種目や立場は違っても、彼らがいかにメンタルトレーニングの重要性に着目しているかがわかる。

1 選手の実態を把握するための10の質問

試合で実力を発揮するためには、心と体のつながりが不可欠であることは言うまでもない。しかし、あなたは教えているチームの選手たちの実態をどれほど把握しているだろうか。以下の10の質問に答えてみていただきたい。

① あなたの選手たちは、すでに身につけている技術やプレイを、まるで「忘れてしまったか」のようにできなくなってしまうことが時々あるだろうか。

⬇ 過剰な不安が集中力や記憶に影響して、こうしたことを引き起こす。さらにこうした不安は過緊張を引き起こし、自信を奪い、パフォーマンスを低下させることになる。

② あなたの選手たちは、実力を発揮できない度合いがどのくらいあるだろうか。

⬇ どんな場合にそうなるのかを特定する必要がある。

③ あなたの選手たちが、プレイの前後で自分たちのことを否定的に話すことはどのくらいあるだろうか。

⬇ ネガティブなセルフトークが直接的にも間接的にも、自信、意欲、集中力に影響し、不安を呼び、パフォーマンスを低下させていることに注意する必要がある。

④ あなたのチームは「スロースターター」ではないだろうか。また、リードしていて追い上げられたときはどういう展開になりがちだろうか。

⬇ 一度そういうことがあるとすべてがそうであるかのごとく考えてみたり、1つのプレイの結果の良し悪しで、すぐに強いとか弱いといったラベルを貼ったりしがちなので注意しなければならない。見方を変えれば、出だしが悪くとも、結果的には勝つからスロースターターと言うのである。たとえ前半が悪くとも、最後には自分たちが勝つのだという強い信念を持ち続けることで勝っていけるというのなら、それはそれで悪くはない。最初から攻めていって勝つのも、最後には絶対勝つというのも、それが勝利に対する強い信念にまでなっているのであれば、おおいに利用すべきである。

⑤ あなたの選手たちは、ミスをした後でも気持ちを上手に切り替えて良いプレイができているだろうか。

➡ 失敗したことを悔やみ続けている選手ほど、また失敗する。それはまるで〝麻薬中毒〟のようだ。こうしてミスを恐れていると、またミスを繰り返すという悪循環が起こる。あなたの選手たちは、こうした負の連鎖を断ち切るメンタルテクニックを身につけているかチェックしてほしい。

⑥ あなたの選手たちは、アウェイの試合に弱くないだろうか。

➡ ホームでもアウェイでも関係なく、やるべきことだけに集中できれば、相手ファンの声援や野次も気にならなくなってくるものである。

⑦ あなたの選手たちは、プレッシャーがかかる場面でも良いプレイができるだろうか。

➡ 状況や不安のレベルに関係なく、いま何をすべきで何をしてはいけないのかがわかる選手は、どんな場面でも集中力を切らすことはない。

⑧ あなたのチームには、練習では良いプレイができるのに、試合になるとダメになるという選手が何人いるだろうか。

➡ 〝練習場のエース〟は、本番になると決まって何かをなくしてしまう。恐れや不安が本来の力を奪ってしまうのである。このやっかいな心に打ち勝たないと、せっかくの才能も発揮されずに終わってしまう。

⑨ あなたのチームには、厳しい状況になると腰が引けてしまう選手がどのくらいいるだろうか。

➡立ち上がりが悪かったり、先発メンバーがけがをしたり、審判の笛が自分たちに不利に感じられるというような苦しい状況でも、戦う気持ちを前面に出して苦境を乗り切らなくてはならない。厳しい状況でどう対処するかをあらかじめ決めておくのは、ひとつの方法である。また、そうした状況に対する感情をコントロールすることも良い方法である。

⑩あなたの選手たちは、自分の長所と短所をはっきりと自覚できているだろうか。

➡自覚できていない選手は何をすればいいのかがよくわかっていないために、安定した高度なプレイへと向かうことができずに、ただやみくもに体を動かすだけの練習で満足してしまう。

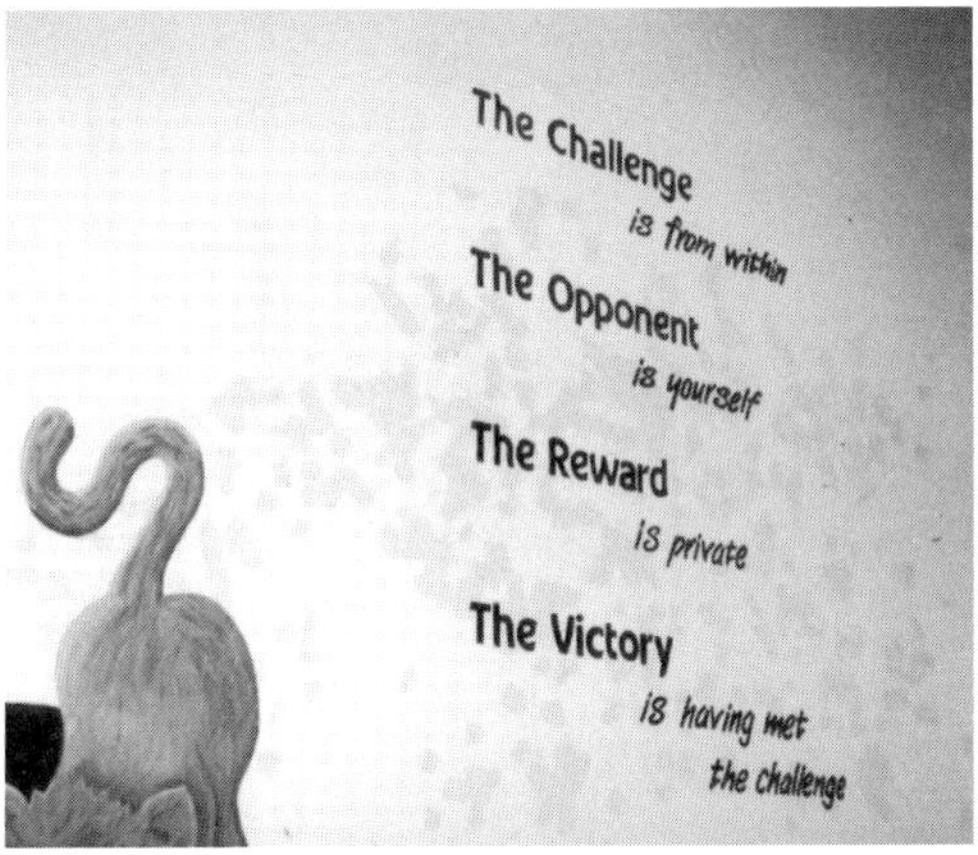
The Challenge
is from within
The Opponent
is yourself
The Reward
is private
The Victory
is having met
the challenge

「チャレンジは内側から」「最大の敵もあなたの心の内に」「その報いも人それぞれ」「勝利はチャレンジにこそある」――多くの人たちはバレーボールのメンタル面の重要性をわかっているが、実際にトレーニングしていない

10の質問に対するあなたの答えはどうだっただろうか。こうした質問に答えていくことで、あなたが教えている選手やチームが抱えている精神的な問題が明らかになっていく。

「試合前には、うまくやれたときの感じを思い出し、どうしてそうなったかをプラスにとらえることが重要である」

――ダニー・クラーク、ラインバッカー、ジャクソンビル・ジャガーズ（NFL）（ステリノ）

2 競技力を決定する7つの要素

図3-1には、どのレベルを指導するコーチも使うことができ、選手のプレイや能力を全般的に向上させるのに役立つモデルを提示しておいた。このピラミッド型のモデルは、選手が最高の力を発揮するうえで必要な7つの重要な要素で構成されている。

ピラミッドの下の部分は、コーチが最も重要だと考えている、いわゆる基本としてトレーニングされるべき領域であり、その意味では定着させやすい部分である。逆にピラミッドの上の

図3-1　選手が各試合で最高の力を発揮する要因

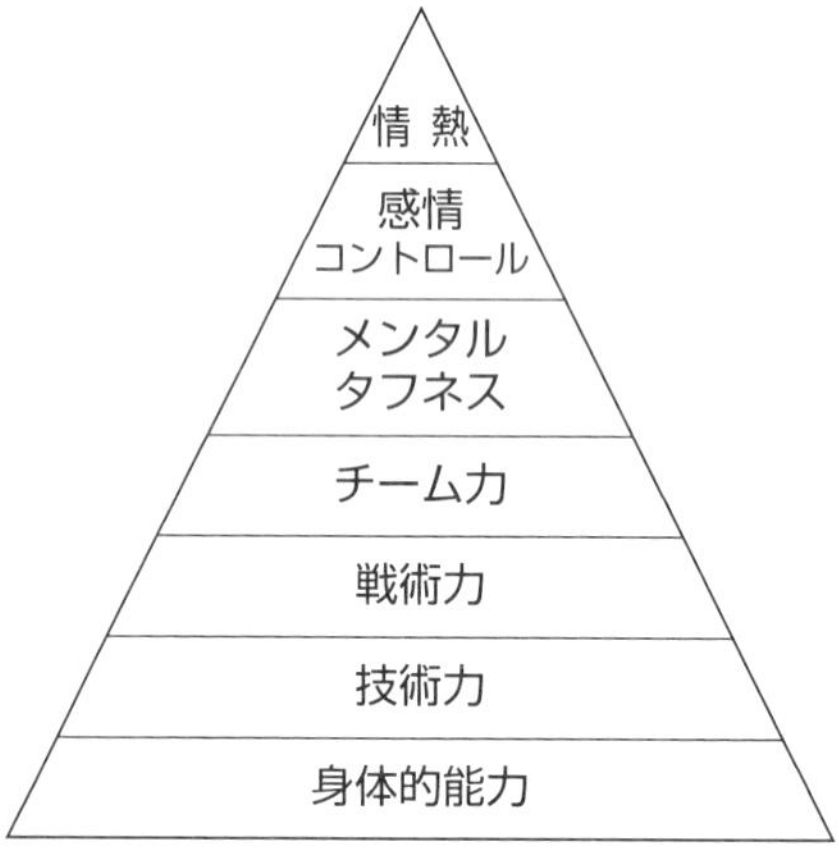

ほうの領域は、日頃ほとんどトレーニングされることがなく、また適切な方法を使わなければなかなか習得することができない部分である。したがってコーチは、まず底辺部分から、つまり選手の身体的、技術的、戦術的能力を最大に伸ばすことから始めるとよい。

「トップレベルでやりたいのなら、まず自分自身を知ることだ。つまり、自分の持っている能力や長所、短所などをはっきり自覚するということである。それはまた同時に、他人があなたに何を望んでいるかではなく、あなたが自分に何を望んでいるかをはっきりさせるという意味でもある」

――テリー・オーリック博士、メンタルトレーナー（2000、p.79）

バレーボール選手の競技力は、この7つの要素によって決まってくる。これらの要素のレベルが高いチームや選手は自分たちが持っている力の限界に近いところで戦うことができる。たとえば、体格的にも体力的にも恵まれている選手の場合には、その身体能力をフルに発揮することで成功のチャンスが巡ってくる。

いわゆる「完璧」と言われる選手は、この7つの領域のすべてにわたってその力を最高に発揮できる。その反対に、いろいろな弱点を抱えながらも、それを練習によって向上させようとしない選手は練習でもうまくいくことはほとんどないし、ましてや試合で力を発揮することはとうてい無理なことである。
それでは次に、各要素について解説していくことにしよう。

3 身体的能力

身体的能力を最大に引き出そうとしている選手の特徴は以下のようである。

- 食べるべき物をしっかり食べ、水分補給を適切に行うことで、練習と試合のために自分の体を最高の状態に調えている選手。
- 体力トレーニングの原則に従って、シーズンオフの間に体の準備がしっかりできている選手。筋力、持久力、スピード、柔軟性、有酸素持久力、パワー、俊敏性、垂直跳び、身体組成などが、これに含まれる。
- 練習や試合の間に、適切な休息、リカバリー、およびストレッチングなどで自分の体をケアしている選手。
- プレイを妨げるような疲労を残していない選手。

「バレーボールは、肉体的な準備をするのが非常に難しいスポーツである。なぜなら、有酸素的な運動でもないし、また純粋な無酸素運動でもない。したがって、どちらのエネルギーシステムも不規則に使わざるを得ないのである」
——ダグ・ビール、米国ナショナルチーム監督（2002、p.50）

4　技術力

技術力を最大に引き出そうとしている選手の特徴は以下のようである。

- どの技術を改良すべきかをよく理解し、試合の中で使えるように練習を積み重ねる選手。
- 自分が改善しなければならない技術について自分でも考え、またコーチのアドバイスもよく聞いたうえで練習する選手。
- 何かを新しく学ぶときに、その技術のポイントに集中して練習したり、あるいはすでに習得している技術に新しいコツを付け加えたりできる選手。
- 各ポジションで要求される技術をしっかり身につけている選手。

ミスやうまくいかなかった部分を自分で特定できる選手は、試合中でも練習でもその場で必要な修正ができる。スポーツ心理学では「セルフレギュレーション」と呼んでいるが、こうした自己観察のできる選手は非常に貴重な存在と言えよう。

5 戦術力

戦術力を最大に引き出そうとしている選手の特徴は以下のようである。

- 攻撃（バックアタック、移動攻撃、クイックなど）と守り（サーブレシーブ、ブロック、クイックやフェイントへの対応など）の両面で必要とされる課題に対して、最適なプレイと読みを持っている選手。
- 自分のポジションと役割について、試合のビデオやスカウティングレポートを見て何をすべきかがしっかりとわかる選手。
- ケース・バイ・ケースで、味方の選手が何をすべきであり、何をすべきではないかがよくわかっている選手。

かつて南カリフォルニア大学のアメリカン・フットボールチームを率いて二度の全米チャンピオンに輝いたヤコブ・ロジャースの次のような言葉が、２００３年９月24日付の『ロサンゼルス・タイムズ』紙に掲載されている。

「父は私に『試合になったらさまざまなことが起こり、必ず仲間を助けなくてはならなくなるものだ。だからお前は、いつも周りの人をサポートするにはどうしたら良いかを学べ』と教えてくれたものだった」

試合上手な選手というのは、こうした戦術的な勘を持っており、チーム全体や試合の流れを的確にとらえることができる。

オリンピックの男子バレーボールチームの監督だったダグ・ビールは、バレーボールの最も重要なポジションとも言えるセッターの戦術的な能力について次のように強調している。

「いいトスを上げることができるセッターになれたら、次は賢いセッターになるようにしなければならない。賢いセッターとは、最も当たっている選手にトスを上げて得点しやすい攻撃を演出し、監督の考えやプランをコート上に実際に展開できる選手のことである」(2002、p. 80)

6 チーム力

チーム力を最高に発揮できているチームの特徴は以下のようである。

- チームのためには、自分が拍手を浴びなくてもかまわないと思っている選手が多いチーム。
- 責任を持って行動できる選手が多いチーム。
- 全員が同じ目標に向かって、それを達成するために一体となっているチーム。
- 選手全員がチーム内での自分の役割をよく理解し、それを受け入れているチーム。
- 味方の選手が良いプレイができるように積極的に声を出し、励ますことのできる選手が多いチーム。
- 監督と選手、そして選手同士でも良いコミュニケーションがとれているチーム。
- 監督のやり方をよく理解し、その中でやるべきことをお互いにしっかりとできるチーム。

あなたの選手たちは「チームのために自分を犠牲にしてもかまわない」と思えているだろうか。逆にあなたのチームには、チームが目指すべき方向よりも、自分の出来や成績に関心がある選手はいないだろうか。

チームの決まり事に従おうとしない選手がいれば、チームの持つ力を十分に発揮することはできない。選手はただ教えられたことをやるだけではなく、良きチームプレイヤーとなれるように意識的に努力しなければならない。「チームが第一」というのは、どの監督も選手に教えようとすることだが、実際に何人の選手が毎日そのように練習できているだろうか。本当の意味でチームプレイヤーであることは、技術やその他のどのメンタルスキルよりも先に身につけなければならないことなのである。

7 メンタルタフネス

「メンタルタフネスは多岐にわたっており、口で説明するのはとても難しい。しかし、その中核をなすのは犠牲的精神とセルフコントロールである。さらにこうしたメンタルタフネスを鍛え上げることによって、人はどんなこともあきらめなくなる。そうした心の強さが、結局はすばらしい行動やプレイとなって現れてくるのである」

――ビンス・ロンバルディ、殿堂入りしているアメリカン・フットボールの監督

（ドルフマン、2003、p. 165）

メンタルタフネスを最大に発揮している選手の特徴は以下のようである。

- 試合を優位に進めるために精神的な面を重視する選手。そこには目標設定、成功イメージ、集中力をコントロールする技術、質の高い練習をやり抜く強い心、個人よりもチームを第一に考える気構え、監督やチームの仲間と良いコミュニケーションがとれることなどが含まれている。
- 自分やチームの出来がどうであれ、一貫して自信を持ち続けられる選手。
- プレイに対する準備がいつもしっかりとできているために、好不調の波が少ない選手。
- 過去におかしたミスを悔やんだり、先のことを心配したりするのではなく、目の前のプレイに完全に集中できる選手。
- 仮に失敗したとしても、そこから何かを学び、次にいかせる選手。

セッターはプレイの幅を広げることで“賢い”セッターになる

- 相手がどうであれ、自分たちとしては最高の試合をしようとし、また練習でもいつも全力を尽くそうとする選手。
- 不安、恐れ、心配、緊張、暗いムードなどを振り払って、いつも自信を持って試合や練習に臨める選手。
- 自分の体を意識的にコントロールし、持っているスキルを信じて、よけいなことをあれこれ考えずに〝ただやるだけ〟に集中できる選手。

メンタルタフネスは、「どんなにプレッシャーがかかってきても、自信を保って集中し、エネルギーにあふれながらも冷静さを保てる能力」として以前から定義されてきた。大試合でも臨機応変に対応できるというのは一流選手の証である。しかし、そのためには単調なドリルや基本を磨く反復練習を黙々とこなし、肉体的にヘトヘトになっているときでも力をふり絞れるようでなくてはならない。こうしたことがすべてできる選手は本当に精神的にタフなアスリートであり、監督としても頼りがいのある選手である。

こうした精神的にタフな選手はここ一番というときに大仕事ができ、その言葉や行動でチームを引っ張っていく。また、トップレベルにある選手なら、そのほとんどが自分自身のことをよく考えている。しかし、さらにその中でも一握りの選手は、チームの勝利のために自分のことと同じぐらいチームの仲間のことを考えることができる。

精神的にタフな選手として最も有名なのがタイガー・ウッズである。彼の著書である〝*How I Play*

Golf』（邦訳名『私のゴルフ論』）には、精神的にタフになるための5つの注意が書かれている。

・良かったプレイとまずかったプレイの両方から学ぶこと。
・ミスの言い訳はしない。すべては自分がやったことなのだから。
・同じミスは繰り返さない。
・マイナスをプラスに変えよ（逆転の発想）。
・負けた試合の後ではついやりがちだが、自分を責めすぎてはいけない。

もちろん、この5つはとりたてて特別なことではない。ただしタイガーと凡人との違いは、彼はそれを言うだけではなく、実際にやり通しているということに尽きる。

8 感情コントロール能力

感情コントロール能力が優れた選手の特徴は以下のようである。

- けがや不調による先発メンバーの変更や読み違い、フォーメーションの変更、交通機関のトラブルや天候不良によるスケジュールの変更などのような、予期せぬ出来事にもいつもうまく対応できる選手。
- 度重なるミスやさえないプレイ、さらには監督やチームメイトの腹立たしい言動や不公平な判定などの不愉快な事態に対しても、イライラせずにうまく対応できる選手。

- 疲れていたり多少の痛みがあっても、そんな様子は少しも見せずに粘り強くプレイできる選手。
- 自分の心を恐れや不安から解き放ち感情をコントロールすることで、持っている力をすべて出し切れる選手。
- 試合の流れの変化にうまく対処できる選手やチーム。バレーボールが他のスポーツと違うのはこの部分である。試合の流れがこちらに来ているときはそれをできるだけ保つようにし、相手に行っているときにはそれを変えられるチームは、勝てる確率が高いことは言うまでもない。

感情コントロール能力をフルに使えるということは、リスクの先にあるマイナスの結果を恐れることなく、勇気を持って踏み込んでいける能力があるということである。

逆に感情的にもろい選手は「たいした選手じゃない」と思われるのを極端に恐れる。このような選手は、本当は自信がないくせに、口ではさも自信ありげに話したりする。そうしておけば、評論家やスポーツ記者が彼の自信について質問することはないので、実は聞かれたくないところを避けられるからである。

9 情熱

燃えるような情熱のある選手の特徴は以下のようである。

- バレーボールと自分のポジションを心の底から愛している選手。
- 自分をたえず向上させようとしていろいろなことにチャレンジできる、燃えるようなやる気のある選手。
- 自分の目標を達成するためなら、あらゆること（時間、体、人づき合い）を犠牲にできる選手。
- 自分がなぜバレーボールをするのか、また何をやり遂げたいのかがよくわかっている選手。
- さまざまな分野から自分を燃え立たせるものを見つけられる選手。

「真に偉大な選手になりたかったら、自分の能力を完全に信頼し、絶えず自分を向上させ続けるという決意をしなければならない」

——テリー・オーリック博士、メンタルコーチ（2000、p.40）

2003年7月の『ロサンゼルス・タイムズ』紙に、元ネブラスカのクォーターバックで01年にハイズマン・トロフィー（NCAA〈アメリカ大学体育協会〉のアメリカン・フットボールリーグで年間最優秀選手賞を受賞した選手に贈られる）を獲得したエリック・クラウチが、セントルイス対グリーンベイ戦の後で引退を決意した記事が掲載されている。彼はそこで、「私はもう試合に燃えることができなくなってしまった。情熱がなくなってしまったんだね」と述べている。

あなたのチームには何人ぐらいこうなってしまった選手がいるだろうか。何も考えずに体さえ動かしていればいいと思っているような選手は、目標や情熱を見失いやすく、また自分の能力を信じられず努力しようともしない。

10 競技力を決定する7つの要素のチェック

図3-2は、図3-1のピラミッドに書きくわえたもので、選手が各質問に答えていくことで自分の能力レベルについて理解できるようにした。試合でフルに力を発揮できるようになるのに先だって、まず現在のレベルをしっかりと把握し、どうすれば目標のレベルに到達できるのかを知っておく必要があるからである。

もし選手の答えがほとんど「いいえ」だとすると、それは向上の道をまったく歩いていないということである。逆に「はい」と回答された項目については、一流選手へのステップを着実に踏んでいるということになる。

選手個々とチーム全体の回答があれば、個人面談やチームミーティングでどの部分を改善するべきなのかについて話し合うことができるようになる。こうすれば指導者は、自分が選手にどこを教えようとし、またどうサポートしようとしているかをわからせることができる。もちろん、このモデルが効果を上げるためには、選手たちが質問に対して正直に答えるというのが前提であることは言うまでもない。

このモデルの2つ目の利用の仕方として、選手がこの7つの構成要素についてどのくらいミスをお

図 3-2 各能力を確かめるための質問

情 熱

・バレーボールの何を愛していますか
・なぜバレーボールをし、そのポジションをやっていますか
・どんなプレイをすると、最高にうれしいですか
・バレーボールでやりたいことは何ですか

感情コントロール

・リスクがあってもチャレンジできますか
・試合の流れにうまく対処できますか
・試合の流れを変えられますか
・フラストレーションをうまく処理できますか

メンタルタフネス

・練習前や試合前のルーティーンを持っていますか
・練習や試合中に集中力をなくすことはありませんか
・プレイの良し悪しに関係なく、自信を保ち続けられますか
・失敗しても、ポジティブな考え方やセルフトークができますか

チーム力

・チームの目標を本当に達成したいと思っていますか
・同じポジションのチームメイトのことをどう思いますか
・毎日、チームに前向きな働きかけをしていますか
・チームメイトや監督と信頼関係が築けていますか

戦術力

・あなたのポジションに求められていることをよくわかっていますか
・あなたのポジションのすべての任務をわかっていますか
・チームメイトのポジションの任務をわかっていますか
・相手の弱点を探そうとしていますか

技術力

・あなたの技術の長所や短所をよく理解していますか
・たえず向上するような練習をしていますか
・苦手な技術について、その具体的な原因がわかっていますか
・ほとんどの練習で質の高い練習になっていますか

身体的能力

・毎日、体に良い水分補給や食事ができていますか
・試合や練習の前にきちんと睡眠時間を確保していますか
・体力トレーニングやコンディショニングに十分注意を払っていますか

かしているのかをパーセンテージで出させることである。そうすることで、ある選手はステップがいつも遅すぎてミスの確率が高いとすると、彼は最初の一歩目を踏み出すスピードを速くするためのトレーニングが必要になる。また、すぐにイライラしてしまうことでミスをする選手の場合には、感情のレベルで改善が必要ということになる。

3つ目の使い方は、7つの要素のどこに問題があったために目標が達成できなかったのかを選手たちにブレインストーミングさせる方法である。それができたら、次にその問題の解決法についてもブレインストーミングさせる。

以上の3つの方法から得られたフィードバックデータを組み合わせることで、チームに共通する問題を解決するための重要な資料を得ることができる。

多くの場合は、肉体、技術、戦術のいずれかから取り組むのがよいだろう。いずれにしても選手が自分たちの強化すべきポイントを理解するようになると、監督やその他のサポートスタッフは自分たちの専門分野で選手を援助しやすくなる。

アシスタントコーチ、ストレングスコーチ、トレーナー、栄養士などは、特にフィジカルタフネス（体力、コンディショニング、リカバリー、活性化など）にかかわることになるし、スポーツ心理学的なコンサルタントはチーム、メンタル、感情、情熱などの面で選手をサポートすることができる。

サポートスタッフが選手のベストの状態を把握していれば的確なアドバイスができるし、個々の選手やチーム全体に対して継続的なフォローアップとフィードバックも可能となる。

知識も経験も豊富で、プロとしての訓練を積んだ資格のあるスポーツ心理学のコンサルタントをスタッフに加えることは非常にすばらしいことではある。しかし、チームによっては彼らの援助を受け入れることができなかったり、使いこなせなかったりということもある。まず監督が彼らを受け入れ、毎日のコーチングの中にメンタル面のトレーニングを組み込もうとしない限り、すべては意味のないことになってしまう。

第4章

攻撃と守りのためのメンタルスキル

バレーボール選手に必要な数多くのメンタルスキルは、大きく2つのカテゴリーに分けることができる。すなわち、攻撃と守りである。常に攻守が入れ替わるバレーボールというスポーツの特性上、選手はこの両方のスキルを身につけなくてはならない。

バレーボールでチームとして勝つためには攻守両面の強さが必要であるのと同じように、選手個々にもその両方でのメンタルスキルの強さが要求される。

マッキャン（2002）は、攻撃のメンタルスキルを最高に発揮できればゲームを支配できると述べている。この攻撃のメンタルスキルには、自信、試合に対する集中力、周到な準備と計画、イメージ（視覚化）などが含まれている。

また守りのメンタルスキルがあれば、選手は苦しい場面でも冷静にしぶとくプレイすることができきるようになる。このスキルには、ミスした後でも気持ちを切り替えてもう一度集中したり、感情やエネルギーレベルをコントロールしたりすることなどが含まれている。

1　攻撃のメンタルスキル

- 自　信……自分の能力や技術をいかんなく発揮するためのメンタルスキル。
- 試合への集中力……良いプレイをするために必要なキーポイントに注意を絞り込むメンタルスキル。
- 精神的な準備……終わってしまった過去の失敗に心を煩わせたり、あるいはまだ起こってもいない未来のことを不安に思ったりするのではなく、〝いま〟という瞬間だけを考えるメンタルスキル。こうした適切な心の準備によって、選手の考えやセルフトークは、結果にではなくプレイそのものに向けられることになる。
- イメージの利用……最高のプレイを自分の心の中で何度でも見ることができるメンタルスキル。これによって自信は強められるし、リハーサルもできる。またプレイの前や最中の感情コントロールもできるようになる。

2　守りのメンタルスキル

- 切り替え……自分の内側や外側から揺さぶりをかけてくるささいなことに意識を向けるのではなく、ゲームのキーポイントに集中することで自分を取り戻すメンタルスキル。
- リカバリー……考え方や感じ方によって、選手が本来の最も良い準備状態に速やかに戻れるために必要なメンタルスキル。
- 気力のコントロール……萎えてしまいそうな気持ちを奮い立たせ、プロセスに集中するために必要なメンタルスキル。
- ポジティブなしぐさや表情……出鼻をくじかれたり、簡単なスパイクやレシーブをミスした場面でも、冷静で自信にあふれているように見せるために必要なメンタルスキル。
- 感情とエネルギーのコントロール……普段の練習や弱い相手との対戦で気持ちが乗らないときに、エネルギーとやる気を奮い立たせるのに必要なメンタルスキル。

3　攻撃と守りのためのメンタルスキルをチェックする

選手によってそれぞれのメンタルスキルの強さにばらつきがあるのは当然である。したがってチェックの第一歩は、選手ごとにどのメンタルスキルが優れており、また劣っているのかをチェックするところから始めなければならない。そのために、攻撃と守りのためのメンタルスキルのチェックシート（ヴォイト、2004、50～51ページ表4-1）を作成した。このシートは、パフォーマンスに影響力を持つメンタルスキルの強さをチェックできるように細かな項目に分かれている。

チェックを終えたら、その結果は指導者と選手の双方で共有すべきである。たとえば、選手がある項目で点数が高かったとしたら、そのスキルに問題があるということである。それは同時に、どこから改善すべきかを示している。

もし攻撃のメンタルスキルのすべての項目で点数が高かったとすると、それは自分の能力やスキルに自信がないということである。それではとうてい本番で実力を発揮することはできない。また、守りのメンタルスキルが高い点数だったとすれば、逆境をはね返す力や感情面に問題があるということである。

もちろん攻守どちらのメンタルスキルにも問題があるということもあるだろう。攻撃と守りのメンタルスキルをチェックし、実際のコート上でのプレイと比較すれば、指導者にとっても選手にとってもいろいろな気づきが得られることだろう。選手はプレイの不安定さがどこからくるのかを自己診断することができ、また指導者も選手が実力を十分に発揮できないでいる原因を特定することが容易になる。

表4-1　攻撃と守りのメンタルスキル・チェックシート

各項目に最もあてはまる数字に○印をつけなさい。（まったくない=0　めったにない=1　たまにある=2　ときどき=3　しばしば=4　よくある=5　いつも=6）

1. ミスするのが怖い	0 1 2 3 4 5 6
2. 苦しいときによくミスしがちだ	0 1 2 3 4 5 6
3. ミスをしてもすぐに立ち直ることができる	0 1 2 3 4 5 6
4. 一度ミスをすると次のプレイにまでそのことを引きずってしまいがちだ	0 1 2 3 4 5 6
5. 自分に自信があるプレイヤーだと思っている	0 1 2 3 4 5 6
6. うまくプレイできないと消極的になり、落ち込みがちだ	0 1 2 3 4 5 6
7. コート上でどんなときでも、積極的な姿勢をくずすことはない	0 1 2 3 4 5 6
8. 勝負どころでネガティブなことを考えがちだ	0 1 2 3 4 5 6
9. 試合の前や最中に不安になったり、あがったりしがちだ	0 1 2 3 4 5 6
10. プレッシャーがかかってきても、十分に実力を発揮できる	0 1 2 3 4 5 6
11. 弱いチームと対戦すると、なぜか力がわいてこないことがある	0 1 2 3 4 5 6
12. 勝負どころのプレイで集中力をなくしがちである	0 1 2 3 4 5 6
13. 試合中によく迷ったりする	0 1 2 3 4 5 6
14. プレイに集中するかわりに、あれこれ考えてしまいがちだ	0 1 2 3 4 5 6
15. 不公平なジャッジや、歓声、あるいは相手の振る舞いなどで、自分のプレイをダメにしてしまうことがある	0 1 2 3 4 5 6
16. 天気、点数、相手の振る舞いなどが、自分をびびらせたりしないかどうか気になる	0 1 2 3 4 5 6
17. ゲームのリズムをつかむのに時間がかかるので、いわゆる「スロースターター」である	0 1 2 3 4 5 6
18. 試合に対して良い準備をするために有効な自分なりのルーティーンを持っている	0 1 2 3 4 5 6
19. 結果ばかりを気にして、プレイそのものに集中することができない	0 1 2 3 4 5 6
20. ゲームプランや、その日の練習や試合の前にどうプレイするのかという具体的なイメージを持っている	0 1 2 3 4 5 6
21. 質の高い練習を一貫してやり抜くことができる	0 1 2 3 4 5 6
22. 練習というのはしっかり体を動かしていればそれでいいと思っている	0 1 2 3 4 5 6
23. バレーボール以外のことで悩みごとがあっても、練習や試合に集中できる	0 1 2 3 4 5 6

24. 練習での明確な達成目標がある	0 1 2 3 4 5 6
25. 疲れていたり、過去のゲームでイライラがたまっていたりしても、試合中に高いエネルギーを保ち続けることができる	0 1 2 3 4 5 6
26. 私のしぐさなどから、失敗したりひどいプレイをしたりするようになるのがわかるとよく言われる	0 1 2 3 4 5 6
27. しぐさや振る舞いなどから、がっかりしたり動揺したりしているのがすぐにわかると監督やチームの仲間によく言われる	0 1 2 3 4 5 6
28. うまくプレイできないと、それをチームの仲間や監督にハつ当たりすることがある	0 1 2 3 4 5 6

■集計の仕方

・質問 1、2、4、6、8、9、11〜17、19、22、26〜28 は選んだ番号が得点となる。
・質問 3、5、7、10、18、20、21、23、24、25 では配点が逆になり、6=0、5=1、4=2、3=3、2=4、1=5、0=6 点として計算し、以下のセクションごとに合計点を出す。

（守りのメンタルスキル）
セクション 1：質問 1-4 は、苦しい場面（失敗したり、我を忘れそうになる）で、仕切り直したり、リカバリーしたりする能力に対応している。
セクション 2：質問 5-8 は、自分をどのくらい信頼しているかについて対応している。
セクション 3：質問 9-12 は、不安や筋肉の緊張をどのくらいコントロールする能力を持っているかに対応している。
（攻撃のメンタルスキル）
セクション 4：質問 13-16 は、心が乱れやすい状況の中で、どれほど集中力を保っていられるかということに対応している。
セクション 5：質問 17-20 は、練習や試合に対して、心と体をどれほどうまく準備することができるかという能力に対応している。
セクション 6：質問 21-24 は、トレーニングの質に関連したものである。
セクション 7：質問 25-28 は、苦しい場面に立たされたときに、どんなしぐさや表情をしているかに対応している。

■評価基準

・合計が 8 ポイント以下→メンタルスキルは十分な強さである。
・合計が 9〜12 ポイント→いくつかの部分でまだ問題を残しており、トレーニングを行う必要がある。
・合計が 13〜24 ポイント→メンタル面ではまだまだである。したがって、今後きちんとしたメンタルトレーニングを行う必要がある。

セクション 1＿＿＿＿　セクション 2＿＿＿＿　セクション 3＿＿＿＿
セクション 4＿＿＿＿　セクション 5＿＿＿＿　セクション 6＿＿＿＿
セクション 7＿＿＿＿

しっかりした攻めと守りのメンタルスキルを持っている選手たちは、苦しいときでも自分をコントロールして集中力を保つことができる

第2部 実力発揮を妨げる諸問題

第5章

実力発揮を妨げる精神的因子

この章では、実力発揮を妨げる精神的な因子、つまりチーム内の不協和音、メンタル面の問題、選手起用についての不満（感情的トラブル）、気の抜けたプレイ（情熱の欠如）などについて説明していくことにする（図5-1）。

1 チーム内の不協和音

チーム内の不協和音は、選手全員が一体となって良いプレイをしようとするのに水を差す要素をいろいろと含んでいる。

以下の質問は、いわゆる「ホットスポット」と呼ばれているチーム内のさまざまな問題をチェック

図 5-1 良いパフォーマンスを妨げるさまざまな障害

感情的な問題

- ストレスに耐える力が弱い
- 思うようにいかずイライラがつのる
- 社会的なサポートの不足
- 人を信頼できない
- うまく感情をコントロールできないという心配や不安
- 元気がない

メンタル面の問題

- 精神的回復力の不足
- ストレスをうまく処理できない
- 自信の不足
- 不合理な考え方
- 言い訳をする
- 集中力の不足
- 問題解決能力の不足
- うまくいくときとそうでないときの違いがわからない——認識不足
- 失敗不安
- 周囲や他人を気にしすぎる

情熱の問題

- 思いと行動の不一致
- 没頭できない
- 心底からの努力が足りない
- 目的と熱意の不足

チームの問題

- チームの犠牲になる気がない
- 体を動かすだけが練習だと思っている
- チームメイトに遠慮してしまう
- 決められたチームの規律を守れない
- チームの目標やカラーになじめない
- コミュニケーション不足
- お互いの責任を理解していない
- 信頼感が持てない
- 自分勝手な振る舞い

するためのものである。1つずつ答えてみていただきたい。

- あなたのチームは、きちんとした運営方針のもとで動いていますか。
- どんな相手に対しても良いプレイができていますか（悪い例：強いチームとやるときはベストを尽くすが、弱い相手とやると手を抜きがち、など）。
- チームは、どれくらいまとまっていますか。
- 選手たちは、チームの目標をどのくらい理解していますか。
- 選手たちは、自分の役割を理解して、それをきちんとやろうとしていますか。
- 選手たちは、苦しい場面になったときにチームメイトを非難したりしますか。それとも一緒になって切り抜けようとしますか。
- 選手たちは、言葉や行動でチームを引っ張ろうとしますか。
- 選手たちは、勝つということをどのくらい強く思っていますか。
- チームのリーダーシップはどうですか。選手の中では誰がその役目を担っていますか。
- チームとして、ベンチ要員をどう扱っていますか。
- 選手たちは、お互いに競争心を持って練習していますか。
- 選手たちは、質の高い練習を練習時間の何パーセントぐらいしていますか。
- チーム内での相互信頼は、どのくらいありますか。

以上の質問は、ほとんどのバレーボールチームに見られる典型的な問題を明らかにするのに役立つはずである。

また、図5-1でもわかるように、こうした問題の多くは以下のようなことが原因となっている。

- チームの目標についてのコミュニケーション不足。
- 自分を犠牲にしてでもチームを生かそうという自己犠牲的精神の欠如。
- 選手相互のコミュニケーション不足や相手とのミスマッチ。
- 自分の役割に対する不満、質の高いトレーニングを継続できないことへの不満。
- チームや指導者への不信。
- 説明責任を怠る。

まとまりのあるチームをつくりあげるためには、まず何が一番重要で、解決しなければならない問題なのかを特定することである。

2　メンタル面の問題

すでに第4章の「攻撃と守りのメンタルスキル・チェックシート」（50〜51ページ参照）をやり終えていれば、安定したプレイの妨げとなっているメンタル面の問題を特定しやすいはずである。

図5-1でも明らかなように一般的なメンタル面の問題としては以下のようなものがある。

- 浅はかな考え
- ネガティブ・セルフトーク
- 集中力の欠如
- 立て直しができない
- 自信や準備の不足
- 失敗不安
- ストレスやプレッシャーへの誤った対応
- 現実とはかけ離れた期待

こうした問題のすべては選手の心の中のことであり、当然プレイに大きな影響を及ぼすことになる。

具体例を挙げると、以下のとおりである。

- 「このボールをうまく上げられないような気がする」というような否定的考え。
- やるべきことをあまりにも細かく分析しようとする、いわゆる過剰分析による硬直。
- 「相手の強烈なスパイクを止められるわけがない」というような弱気なセルフトーク。
- 「前にここで試合をしたときは、まるで悪夢のようだった」というような過去へのとらわれ。

- 「次のサーブをまた失敗したらどうしよう」といった失敗不安。
- 失敗してもうまくいっても、何かにつけて言い訳をする。
- 失敗への恐怖、けがの不安、期待を裏切ることへの恐れ、羞恥心。

選手は練習や試合でこうした思いをどれくらい持つのだろうか。うまくいっていないときは、こんなことばかりを考えているはずである。逆にうまくいっているときは、彼らの心の中にはこうした雑念はまったくなく、プレイのキーポイントや自信にあふれた考えやセルフトークに集中しているはずである。

3 感情的な問題

「バレーボールの試合のメンタル面について語るのであれば、感情と情熱のことを避けるわけにはいかない」
――ピート・ウェイト、ウィスコンシン大学バレーボール監督（2002、p.304）

図5-1（55ページ参照）でも明らかなように、技術やプレイに悪い影響を及ぼす感情的な問題には

以下のようなものがある。

- やる気をうまくコントロールできない。
- 周囲とうまくやれない。
- ストレス・リカバリーができない。
- 自分の技術やプレイが信じられない。

こうした感情的な問題がもたらす影響は、選手ごとに違っている。たとえば、白熱した戦いの中で感情を高ぶらせたほうが良いプレイができるという選手もいるだろう。逆に、相手に対する怒りやいらだちを抑えて、心を静めたほうがうまくいくという選手もいる。

また、試合前に選手を集めて叱咤激励したがる監督もいる。確かに選手によっては、そうしてもらいたいという選手もいるかもしれない。しかし、基本的にバレーボールというスポーツでは、選手は試合の状況をよく把握し、それに対してすばやく反応するために集中する必要があり、こうした監督の言葉かけがマイナスになることもある。大切なことは、個々の選手ごとに何が有効なのかを突き止めることである。

もしも選手が自分の感情の乱れをそのままにしておくようなことがあれば、悲惨なことになってしまう。バレーボールの例ではないが、その一例を紹介しておこう。

それは２００３年のアメリカンリーグのプレーオフ第３戦で起きた。ボストン・レッドソックスのピッチャーのペドロ・マルチネスは、ニューヨーク・ヤンキースのバッターに向かってビーンボールを投げた。これに対して次の回に、今度はヤンキースのロジャー・クレメンスがレッドソックスのバッターめがけて報復のビーンボールを投げたのである。それがヤンキースのコーチで72歳のドン・ジマーの指示だったというのだから、困ったものである。当然、両チームの選手やコーチ、果てはグラウンドキーパーまでもが入り乱れての大乱闘にまで発展した。

本当にチームがまとまるにはいくつもの問題を解決しなければならない

フラストレーションや感情をコントロールできないと、超一流の選手たちでさえこんなことが起きる。その試合を解説していたピーター・ガッモンズは「メジャーの中でも一、二を争う人気チーム同士が起こした野球に対する冒涜だ」とコメントした。

この例でもわかるように、スポーツ選手が感情をコントロールできないと、どんなにすばらしい技術や体力を持っていようと結果を出すことはできない。ストレスに耐える力が弱い選手ならプレッシャーがかかり始め、さらにミスなどが続くと、うまくプレイするために必要なことをすべて忘れてしまう。また、ストレスが増すような苦しい場面で対処すべき自分なりのルーティーンを持っていない選手は、すぐに硬くなりマイナスな考えが心を支配してしまうので、さらにミスを重ねて自滅していく。まったく愚かなことである。

4 情熱の欠如

情熱はそのスポーツに対する価値観から生まれてくる。選手がスポーツをしている動機はいろいろあるが、そもそもあなた（指導者）は選手たちがなぜバレーボールをしているのか知っているだろうか。

多くの場合、選手が持っているバレーボールに対する価値観はコーチと違っている。コーチは勝つことやタイトルを取ることに価値観を置きがちだが、そうでない選手も多いのである。このように本音のところで共通理解がないと、日頃の練習の中でもうまくいかないことがいろいろと出てくる。

「鍵となるのはスピリットだね。スピリットこそが、日々あなたに情熱を与えてくれるんだよ」

——ヒュービー・ブラウン、メンフィス・グリズリーズ監督（NBA）

（ロサンゼルス・タイムズ、2004年11月27日）

指導者サイドが選手の持つバレーボールに対する価値観を把握することは、彼らの内面を知るうえできわめて重要である。そうしてはじめて、指導者の思いと選手の思いとをすり合わせ、共通の目標へと向かっていけるようになる。指導者なら誰もが自分のチームをより良い方向へ導き、結果を出したいと考えている。そうであれば、仮にある選手が自分さえ良ければいいというちっぽけな価値観を持っていたとしても、チームと一体となってすばらしいバレーボールをやりたいというように変えていくこともできるはずである。

しかし、ほとんどの指導者は選手と自分たちとの思いは同じだと思い込んでいる。真に良いチームをつくりたいのなら、ここはじっくり選手たちの本音の部分を聞いてみるところから始めてはいかがだろうか。

第6章 メンタル面の問題――7つのパターン

バレーボール選手に見られるメンタル面の問題を7つのタイプに分けて挙げておいた。リストアップした例の大部分は主としてセッターとスパイカーのものだが、どのポジションの選手にもあてはまることは言うまでもない。

1 「神頼み型」の選手

「神頼み型」の選手は、自分の手からボールが離れた瞬間に「お願い、入って」と祈っている。このタイプの選手は、スパイクのタイミングをトスにうまく合わせたり、相手のブロックを読んだりする能力に自信がない。さらに質の高い練習を積めていないことにも原因がある。

スパイクやトスのミスは往々にして自信のなさの結果であることが多い。こうした選手を安定した選手に変えようとするのであれば、やや古くさいやり方をとるしかない。つまり、ハードトレーニングと集中した反復練習をやらせることで、緊張感のある練習習慣に変え、自信を高めるようにするのである。

2 「オール・オア・ナッシング型」の選手

「その試合のヒーローになる」「試合に勝つ」といったように結果にしか意識が向いていない選手は、自分がいますべきことがわからなくなってしまい、ミスをすることが多い。こうした選手はトスをミスしたり、ブロックを失敗したりすると、心が乱れ始めるのである。

プレッシャーというものは、そのほとんどを自分でかけているものである。たとえばゲームポイントを決めるサーブを打つときのように、誰が見てもプレッシャーのかかった場面というものはある。しかし、「オール・オア・ナッシング型」の選手はプレッシャーを感じると、さらに「この僅差の試合に勝つために、絶対にうまくやらなくてはならない」「もしミスしたら、みんながどんなにがっかりするだろうか」などとつぶやいたりする。結果を気にしすぎるあまりプレッシャーを増加させ、そのために筋肉は硬くなり頭はマイナス思考となって、周りの選手にまで悪影響を及ぼしてしまう。

「オール・オア・ナッシング型」の選手は、結果にではなくワンプレイごと、それも自分が最も自信のある技術的なポイントにいかに集中できるかを学ばなくてはならない。セッターならそのゲームの大切さに意識が向きがちなのを抑えて、「すばやいリリース」や「滑らかなタッチ」といったような自分なりのポイントに意識を集中するべきである。

3 「萎縮してしまう」選手

肝心なときに「萎縮してしまう」傾向がある選手は、自分の内側や外側からくるプレッシャーで簡単に集中力をなくしてしまう。つまり、ここぞという大切な場面や大きな歓声、目に映るものなどのような外からのプレッシャーや、「うまくやりたい。でも失敗したらどうしよう」といった自分がつくり出すプレッシャーで集中力を乱していく。集中というのはある限られたことに意識を向けることなのに、こうした選手はほとんど関係のないことにばかりあれこれ意識が向いてしまう。いわゆる「頭だけで考えすぎて」しまって、ミスをするように自分をし向けてしまうのである。その結果、スパイク、ブロック、パス、トスなど、あらゆるプレイにミスが出ることになってしまう。

こうしたことは、選手が最も大切なポイントや情報だけに集中できないために起こる。肝心なときに萎縮してしまう選手は、プレイの前と最中に自分が集中すべきことを意識できるように練習させる必要がある。何に集中すべきかがわかってくれれば、次には最も大切なポイントに集中することができるようになる。肝心な点にだけ集中力を保てる選手は雑念をシャットアウトでき、自動的で流れるようなプレイが可能になってくる。

4 「固まってしまう」選手

「固まってしまう」選手は、トス、スパイク、ブロック、サーブなどを失敗するのが怖くて、体をガチガチに硬くしてしまう。失敗の恐怖から体のあちこちの筋肉が緊張して硬くなり、結果として動きそのものもぎこちなくなってしまう。スパイカーであればストレスやプレッシャーがかかると、力みから肩に力が入りすぎてしまう。

この状態を変えるためには、筋肉のリラクセーションやリラックスのための呼吸法、心と体の準備を調えてくれる「プレ・ヒット・ルーティーン」（打つ前の自分なりの一連の手順）などによって、どうやったら筋肉を自分でリラックスさせられるかを身につける必要がある。それができるようになれば、いままでの悲惨なプレイから抜け出して良いプレイができるようになる。

5 「熱しやすく、冷めやすい」選手

「熱しやすく、冷めやすい」選手はプレイにムラがある。こういう選手は「熱く燃えているとき」は良いプレイができる。ところが燃えてこないときはさっぱりである。真に勝負強い選手というのは

冷静で一貫した考え方ができるので、安定したプレイを続けられる。彼らはうまくいっていようといまいと、自分のプレイスタイルを変えることはない。

自信にあふれ、高いレベルで安定してプレイできる選手は、ミスをした後でも再び集中できるような、自分なりのルーティーンを持っている。さらにポジティブなイメージや自分を鼓舞する自分への言葉かけなどによって、たいていのことには耐えることができるのである。

6　「頭でっかち」な選手

「頭でっかち」な選手は、細かな技術的ポイントばかりを意識して、まるで左脳でプレイしているような感じである。技術的ポイントというのは、本当は無意識でできるように練習されていなければならないものである。しかし選手によっては、プレイの直前まであれこれ考えてしまうために、かえって注意が散漫になってしまう。

心のしくみから言えば、プレイの前には心を雑念から解放して、目の前のやるべきことに完全に集中しておくことで自動的なプレイが可能となる。たとえば頭でっかちなセッターは、自分の技術に自信が持てないと、プレイ直前になってせっかくつくりあげたルーティーンやトス動作を部分的に変えようとしたりする。これは、彼が自分のトスについていつも考えを巡らし、下手にいじり回している理由のひとつかもしれない。

頭でっかちな選手にとっても、安定したルーティーンやトス動作をつくりあげることは非常に重要である。したがって、セッターなら「スムーズに」とか「すばやくトスする」といった1つの技術的なポイントに心を集中させるべきである。こうしたキーワードは特定の動きに連動しており、それが良いプレイにつながるのである。セッターがトスを上げる前に「スムーズに」と唱えれば、それが引き金になってリラックスしたスムーズな動きがプログラミングされる。

しかし、キーワードをたくさん使おうとしてはならない。そんなことをすれば、心は乱れ、トスの前にまたあれこれ考えさせることになるからである。

7 「ミスを数えあげる」選手

ミスした回数ばかりをしっかりと覚えていることで、自信がなかったり怖かったりするのをごまかそうとする選手がいる。自分が何回ミスしたかを正確に知っている選手は、結果にばかりこだわっている。そもそもカウントすること自体がすでに問題なのである。

こうしたことをやめるためには、ワンプレイごとに結果ではなくプロセスに集中し、せいぜい1つか2つのキーポイントを含んだ安定したプレルーティーンを実行すればよい。失敗を数えるなどという馬鹿げたことは、さらなるミスを生むということを知るべきである。

選手が自分自身で「精神的なミス」に気づくようにするのが指導者の仕事である

第3部 自在なプレイのためのトレーニング戦略

第7章 体力強化とコンディショニング

バレーボール選手の体力トレーニングやコンディショニングについては、それだけで一冊の本になってしまうほどである。それだけにバレーボールのメンタルトレーニングについて解説している本書の中で、これらの問題について詳しく述べることはできない。しかし、心と体は密接につながっているのもまた事実である。そこでこの章では、より良いプレイのために最低限必要な肉体的な問題について、メンタル面と関連させながら解説していくことにしたい。

1 『スポーツ科学からの10のヒント』

マット・フィッツジェラルド（2003）がまとめた『スポーツ科学からの10のヒント』をバレー

ボールにあてはめてみよう。

1 トレーニング周期

「パフォーマンスを最高に高めるために、トレーニングの頻度や負荷を適切に増減するプロセスを〝トレーニング周期（ピリオダイゼーション）〟と呼んでいる」（ベークル、エールとウェイスン、２０００／ボンパ、１９９３／レイヤー、１９９４）。

シーズンオフには筋力アップのためのレジスタンス系トレーニングが主として行われ、プレシーズンではバレーボールに必要な動きの練習に移行していく。同時にこのとき、チームづくりとメンタルタフネスの強化にも配慮が必要である。

シーズンに入れば、当然、バレーボールの技術や戦術の練習と試合が主体となることは言うまでもない。しかし、そこでも適切な体力トレーニングプログラムとチームづくり、そしてメンタルタフネスの強化に気を配っていかなくてはならない。

指導者はこうした点に配慮をしながら、選手とチーム全体が試合で最高の力を発揮できるように年間のトレーニング計画を作成しなければならない。指導者によっては、試合のシーズンであるにもかかわらず、選手に体力トレーニングをやらせすぎてつぶしてしまうようなこともあり、注意が必要である。

2 トレーニング負荷

トレーニング負荷は、スピード、筋力、持久力などの体力要素を高めていくための重要な鍵を握っている。したがってトレーニングプログラムをどのような負荷でやらせるかということはきわめて重要である。当然のことながら、弱すぎる負荷ではトレーニング効果は上がらないし、強すぎれば選手は疲労し、しまいには燃え尽きてしまうことさえ起こる。だからこそ科学的にやる必要がある。「トレーニングは適切な負荷で行い、けっしてだらだらやらないこと」をモットーにしてほしい。

3 漸進性の原則

人間の体には負荷を少しずつ増加させていくようなトレーニングが最もよく合っている。漸進性の原則は、ランニングの距離やダッシュの回数、プライオメトリック・トレーニング（筋肉が短時間内に最大筋力を発揮できるようにする筋力トレーニング）のセット数などにも適用される。少しずつ負荷の回数や量を増やしていくことは、持久力、スピード、敏捷性、筋力などを確実に強めてくれるばかりでなく、最も安全なやり方でもある。

4 個別性の原則

バレーボールのポジションはそれぞれ役割が違っているので、トレーニング内容も違って当然である。また、負荷レベルや休息、および回復能力は選手ごとに異なっている。さらに試合を想定した練習に必要とされる体力や、ポジションごとに要求される動きなどについてもそれぞれ考慮されなくてはならない。体力トレーニングのプログラムをつくる際には、こうしたポジションや選手の個別性に配慮する必要がある。

5 トレーニング前の測定・評価

漸進性と個別性の原則にしたがってトレーニングを行うためにも、体力トレーニングのプログラムを始める前に、きちんとした測定を受ける必要がある。筋力、スピード、持久力などを測定し、各選手の体力レベルをあらかじめ把握しておくことは、個別に体力トレーニングプログラムを組んでいくうえで不可欠である。身体特性や年齢、プレイ経験だけでなく、それまでのトレーニング内容、健康状態なども各選手の状態を把握するうえで重要なものである。

6 エネルギー

この章の中で、体の働きを良くし、良いプレイにつながる食べ物の摂り方について詳しく述べている（「5 勝つための食べ物」87ページ参照）。取りあげているのは必要な栄養の情報や水分補給の効果、試合前の食べ物、疲労回復のための食事などである。

7 リカバリー・トレーニング

トップレベルの選手や指導者は、最近特に「リカバリー」がトレーニングの重要な一面であると考えるようになってきている。この場合のリカバリーというのは、ただ何もしないで休むということではない。

たとえば、アイシングやジャグジーで筋肉の疲労回復をはかったり、激しい練習の後に入念なストレッチングを行ったりする。テレビやビデオを見たり、好きな趣味を楽しんだりするのも受動的なリカバリーである。また、クロストレーニングやヨーガ、ごく軽いワークアウトなどをやることは積極的なリカバリーと言える。

リカバリー・トレーニングは、エネルギー系や筋肉を休めるという生理学的な理由ばかりでなく、精神的な休養としても重要である。スポーツ以外のことをやることで気分転換ができ、エネルギーとやる気がみなぎってくる。

8 水分補給

多くの選手が汗をかいて失った水分の2／3程度しか補給しないために脱水症状を起こし、動けなくなってしまっている。この問題についても、この章の後半で詳しく説明することにしている（「6 水分補給——勝つために飲む」90ページ参照）。

9 ダイナミック・ストレッチング

長年、静的なストレッチング（ゆっくりとストレッチして30～40秒間、その姿勢を保つ）は能動的な柔軟性トレーニングとして行われてきた。しかし、最近ではもっと動きのあるダイナミック・ストレッチングがよく利用されるようになっている。

ダイナミック・ストレッチングは、プレイ中の動きをそっくりまねるようにして行われる。たとえばスパイカーやブロッカーはセラバンド（トレーニング用の負荷の弱いチューブ）などを使ってそれぞれの動きを同じようにやれば、筋肉、腱、靱帯などを動きにフィットした形で強化できる。

もう1つのストレッチングは、PNF（固有受容性神経筋促通手技）である。これは保持、伸展、収縮という3つのタイプの筋動作を利用して柔軟性を得ようというものである。PNFはパートナー・ストレッチングのひとつとしても長く利用されており、受動的・能動的ストレッチングのどちらにも併用することができる。

10 質の高いトレーニングとコンディショニング

この項目については、第11章でバレーボールの練習、体力トレーニング、およびコンディショニングの質を向上させるためのモデルを紹介している。これはトレーニングに対する態度、練習の準備、フォーメーションプレイ、練習後のケアの4つの局面からなり、各局面を選手と指導者が改善していけるような内容になっている。

2 シーズンオフのコンディショニング

指導者が前述の10項目を自分のチームにしっかりと浸透させていれば、選手たちはみな同じような良いコンディションでプレシーズンを迎えることになるはずである。だからこそ指導者は、シーズンオフのコンディショニングの重要性を強調するのである。

彼らはシーズンオフのコンディショニング・プログラムとして、たいていウエイトトレーニングや持久力、スピードと敏捷性、プライオメトリックス、柔軟性などのトレーニングを組み合わせたものを選手に渡している。

シーズンオフのコンディショニングの主な目的は、プレシーズンやトレーニングキャンプでの厳しい練習に耐え得る肉体づくりにある。しかしその他にも、オフのプログラムをきちんとやればさらなる恩恵がある。それは身体的なタフネスの向上に加えて、しっかりと自己管理できていることでメンタル面も安定してくるということである。こうして心身ともに強さを増すことができれば、必然的にストレスに耐える力もついてくる。

逆に、オフに十分なコンディショニングもせず準備を怠ると、次のシーズンが手ひどい結果になるのは目に見えている。図7-1に選手がトレーニングをさぼって調整や準備に時間を割かない場合、

図7-1　練習不足から生じる結果

肉体的な結果
- 大きい痛み／小さい痛み
- 筋肉痛
- 病 気
- 練習効率の低下
- 故障の発生・継続
- パフォーマンスの低下

心理的な結果
- 集中力の低下
- 問題解決力の低下
- 慢性的な精神疲労
- 心理的なミス
- マイナス思考
- 自信低下

技術的な結果
- 質の低下
- スピードの低下
- ぎこちないプレイ
- ただやっているだけの練習
- 計画性の欠如

感情的な結果
- やる気の減退
- 憂 鬱
- 不 安
- 神経質
- 喜びの欠如
- 怒 り
- 悲しみ

どういうことが起こるのかを列挙しておいた（ヴォイト、2000a）。また同じようなことは個々の選手だけではなく、チーム全体にも起こる。調整不足でトレーニングキャンプに入れば、心技体のあらゆる領域でマイナスの影響が出てしまうことは明らかである。

指導者は各トレーニングキャンプの中身を非常に細かく決めている。しかし、何人かの選手が準備不足でトレーニングキャンプに入ってきたりすると、中身を大幅に変更しなければならなくなってしまう。本来は、技術や戦術の部分に重きを置いて練習を進めたいのに、キャンプでも体力トレーニングに時間を割かざるを得なくなる。このような場合、最初に決めたプランを推し進めようとしても無理なので、選手の体力レベルが上がってくるように練習内容を変えなくてはならなくなってしまう。だからこそ、シーズンオフに入る前に、「オフこそさらに強くなるチャンス」ということを選手たちにしっかりと教えておかなくてはならない。

3 トレーニング負荷のかけ方

体力トレーニングの成否は、トレーニング負荷をどのようにかけていくかにかかっている。しかし残念なことに、即効性を求めるために誤ったトレーニングが行われることがある。たいていの場合、強い負荷をかけ続け、回復するための適切な休息が与えられないことが多い。その結果、選手は心も体も疲れ切ってしまい、つぶれてしまうのである。

スポーツチャンネルのESPNの『ジャンクション・ボーイ』というテレビドラマでは、テキサスA&M大学アメリカン・フットボールチームの監督ポール・ブライアントの鬼コーチぶりが描かれている。それはもうひどいもので、一日のうちの最も暑い時間帯にほとんど水も飲ませずに選手をしごきまくるというものだった。当然、何人かの選手は逃げ出したし、残った選手もシーズンに入るともう戦う気力も体力も尽き果てて、結局わずか2勝しかできずにシーズンを終えることになってしまったというお話である。このテレビドラマが伝えようとした前時代的なトレーニングは決して荒唐無稽なものではなく、実際にも似たような話はいまでもたくさんある。

スポーツ科学者はこのような誤ったトレーニングによって起こるオーバートレーニング、リカバリー不足、疲労、困憊、バーンアウトなどの一連の「トレーニング・ストレス症候群」について報告している。

もちろん、選手が心身ともタフになるには負荷をかけることを避けて通るわけにはいかない。レイヤー（1994）は「選手が実力を十分に発揮するようになるためには、肉体的にも精神的にもストレスにうまく対処できる能力を高めなくてはならない」と言っている。

トップレベルの技術コーチと体力トレーニングコーチは、最高の成果をあげるには選手への負荷のかけ方に細心の注意が必要であることをよく理解している。トレーニングが必要な肉体のある部分に対して、トレーニング負荷のレベル、強さ、回数などをピンポイントでぴったりと合わせることは、従来から用いられてきた漸進性の原則のさらに上をいくものである。

また、一連の負荷プロセスの後には、練習や試合のスケジュールに応じて、適切なリカバリーのためにトレーニング負荷を減らす期間を持たなくてはならない。こうした期間のことを「テーパー」と呼んでいる。一般的にテーパーは、重要な試合の前に数日から数週間とられることが多い。これによって、選手の体は完全に回復し、エネルギーに満ち、厳しい練習や試合にも再び耐えられるようになる。

4 トレーニング・ストレス症候群

心身のストレスが限界点を超えてさらに一定期間続くと、不適応症状が出てくる。トレーニング・ストレス症候群は、オーバートレーニング、リカバリー不足、絶え間なく続く過剰な負荷、疲労の蓄積などによって起こり、疲労から困憊へ、困憊からバーンアウトへと深刻な症状を呈するようになる。

1 オーバートレーニングとリカバリー不足

スミス（1999）は、オーバートレーニングを「適切な回復のための休息もなしにトレーニング負荷を過剰にかけすぎたことによって、疲労の蓄積、パフォーマンスの低下、感情的な乱れ、練習不能などが起こること」と定義している。こうした深刻な状態に陥った選手は元気がなくなり、心身両面で危険な状態になってしまう。こうなるともはやトレーニングを続けることができなくなり、逃避行動へと走るようになる。

2 疲労と困憊

疲労はオーバートレーニングによる急性反応であり、したがって短期的な手だてで治すことができると考えられている。しかし、この時期にそうした措置が講じられず、さらに過剰な負荷が加えられると、選手は困憊状態へと移行していく。この前段階の疲労でも、選手にはさまざまなマイナスの影

図 7-2　オーバートレーニングとリカバリー不足による不調の結果

技術の遂行
- 単調な練習
- プレイの質の低下
- 巧緻性の低下
- 指導者との不十分なコミュニケーション
- 役割の混乱

効 率
- 練習効率の低下
- 形ばかりの練習や試合
- 痛み、けがによる影響
- 活動力の低下

生理機能
- 体重の減少
- 安静時心拍数が高い
- 不規則な呼吸
- 正常心拍数に戻るのが遅れる
- 筋肉疲労の増加

心理的
- 精神疲労
- 集中力の低下
- 意欲の低下
- 考えがまとまらない
- 問題解決力の低下
- マイナス思考
- うつ症状

感情的
- 短 気
- 憂 鬱
- 退 屈
- 悲しみ
- 不 安
- 喜びの欠如
- マイナス思考
- 自尊心の低下
- 逃 避

響が出てくる。特に肉体、精神、技術などの面で、図7-2（ヴォイト、2003）に示されているような兆候が認められるようになる。

こうした疲労と困憊は、トレーニングで心身に過剰な負荷をかけ続けることによって起こるが、このような状態に陥った選手はさらに深刻なトレーニング・ストレス症候群であるバーンアウトに移行する可能性が高い。

3 バーンアウト（燃え尽き症候群）

困憊とバーンアウトの主な違いは、バーンアウトは興味や意欲などの精神的な因子に関係している点にある。トレーニング・ストレス症候群の他の段階とバーンアウトが決定的に違うのは、ここまできてしまった選手は競技をやめるところまで追い詰められてしまうということである（シルヴァ、1990）。

しかし、いくつかの手だてを講じれば、選手がこうした悲惨な状態にならないようにすることができる。

その手だての第一は、トレーニング・ストレス症候群の原因を明確にすることである。つまり、トレーニングのどの部分に問題があって肉体的、精神的ストレスを引き起こしているかをチェックするのである。ヘンシェン（1986）は、疲労や困憊を引き起こす原因として、試合期の長さ、単調なトレーニング、正しい再強化の欠如、コーチの叱責、厳しい規制、強い競争ストレス、成績が出ないことへのいらだち、退屈、などを挙げている。

選手をバーンアウトから脱出させるにはどうしたらよいだろうか。それにはコーチングスタッフ全員で、疲労、リカバリー不足、苦痛、疲労困憊などに選手が陥らないように注意深くケアし観察するとよい。実際には肉体面、メンタル面、プレイ面の3つの領域でチェックする。トレーニング・ストレス症候群によってダメになるのはその選手だけではなく、影響は当然チーム全体にも及ぶ。した

図7-3　トレーニング・ストレス症候群に対する手だて

肉体面

・肉体の休息と回復
・良質な食べ物
・周期性の原理（テーパー）
・トレーニング方法／練習の変化
・動機と報酬
・トレーニング期の中での競い合い
・シャワーとマッサージ

メンタル面

・精神的・感情的回復
・練習の短期的目標設定
・挑戦心を燃やす
・ワンプレイへの集中
・プロセスに焦点をあてる——いまやるべきことだけをやる
・ポジティブな考え方とセルフトーク
・練習前のルーティーンを使う

プレイ面

・トレーニング周期の確立
・単調な練習の排除（多様性）
・新しい練習を組み入れる
・選手に合った練習（お気に入りの練習）

がって、選手も指導者もこうした手だて（図7-3）についてよく理解し、使えるようになっていなくてはならない。

　疲労を取り除く効果的な手だての最終段階としては、こまめなフィードバックと補強、評価がある。潜在的な原因のチェック、兆候の観察、および具体的な手だては、トレーニング・ストレス症候群を退治する「三つ叉（三次元的）の攻撃」と言ってよい。手だてがうまくいったかどうかは、明確なチェック項目をつくることで主観的にも客観的にも評価できる。

　マーフィー（1996）は、疲労を取り除くための手だてが効果的だったかどうかを評価するために、以下のような選手への質問を考案した。

- 良いプレイができていますか。
- 生活、プレイ、体力に良い感じを持っていますか。
- チームの仲間やコーチとうまくコミュニケーションがとれていますか。
- メンタルタフネスを持っていますか。
- 健康的で故障も少ないですか。
- チームの仲間とうまくつきあっていますか。
- 次の練習までの間に適切な休養をとり、十分回復し、エネルギーにあふれていますか。
- 練習の厳しさにもうまく対処できるような資質を持っていますか。

トレーニング・ストレス症候群の発生をできるだけ少なくしたいのであれば、指導者は彼らの心身の状態を把握するために以上のような質問をして、こまめにチェックする必要がある。

高いレベルを目指せば目指すほど、選手も指導者もトレーニング負荷の量や質を高めようとするのは当然である。しかし、こうした高い負荷レベルにも選手が適応できるようになるためには、選手、指導者、体力トレーニングコーチ、スポーツ心理学者、両親、マネージャーなどが一体となって協力していかなければならない。

5　勝つための食べ物

ほとんどの指導者が練習や試合の前に適切な食べ物や水分を摂取することの重要性についてよく理解している。しかし、どんな食品のエネルギー発生効率が高いかということまで知っているだろうか。あるいは試合前に、そうした物を食べるタイミングについてはどうだろうか。

以下にこれまでの研究に基づいた〝バレーボール選手の燃料補給法〟について解説していく。

1　バレーボール選手の食事のガイドライン

ライマースとルドルフス（2000）によると、選手が持てる力を最高に発揮するための食べ物の意味には、良いプレイができるように食べるということと、体づくりのために食べるという2つの大きな目的があるという。また、アメリカ・ストレングス&コンディショニング協会（NSCA）によると、パフォーマンス発揮のために何を食べたらよいのかは、選手個人個人で違うべきだという。つまり、ある選手にとって効果的なことが、別の選手にはそうではないということが往々にしてあるからである。

したがってバレーボール選手の食事も、まず以下に挙げるようなガイドラインを参考にしたうえで、個々に合った物が考えられるべきである。

- 1日あたりの適切なカロリー摂取量をモニターすること。たとえば、17～23歳の選手の一般的なカロリー摂取量ガイドラインとしては、169～172㎝の身長なら2900キロ㎈、174㎝なら3100キロ㎈、177㎝なら3200キロ㎈、180㎝なら3300キロ㎈、183㎝なら3400キロ㎈、185㎝なら3500キロ㎈などとなっている（USC、2003）。

- 適切な栄養補助食品を摂取することで、各栄養素の不足を防ぐ。
- 食品群ごとに推奨されている量を摂取する。
- 食べない食品群があると特定の栄養が不足することになるので、すべての食品群からの摂取を心がける。
- マクロ栄養補助食品によってタンパク質、炭水化物、および脂質を摂取する。
- 重要な栄養素が不足しがちなので、無脂肪や低脂肪の物は避ける。
- 適当量のビタミンとミネラルを摂取する。
- やせている人は毎日5つの高カロリー食品を摂取し、1日の消費カロリーよりも350～750キロ㎈余分に食べることで、1週間あたり450～900gほど増量していく。
- 太り気味の人は1日の食事回数を5回とし、栄養のバランスに気をつけながらカロリー摂取量を2000キロ㎈程度にして、1週間あたり450～900gほど減量していく。
- 試合前に適切な水分補給をする。

2 試合前に何を食べればよいのか

試合前に食べる物に注意しないと、プレイの妨げになることがある。試合前に食べ物を摂る目的はグリコーゲンの貯蔵とエネルギーを最大にすることであり、試合中の消化活動を抑え、胃の負担を軽くするためにも流動食がよい。

試合前に何を食べればよいのかについては、多くの要素を考慮に入れなければならない。つまり、選手の一般的な食習慣や好み、食べるタイミング、含まれるべき成分と逆に含まれてはいけない成分などである。当然このとき、水やスポーツドリンクは必要である。しかし、カフェインが含まれている物は利尿作用があり、選手の体から水分を奪うことになってしまうので避けなければならない。

試合前には胃の消化活動を終えておきたいので、食事は試合の3時間から3時間半前に摂るべきである。このときの食事は、主にパスタや米などの穀類、野菜、いも・豆類などの複合炭水化物を摂るのがよい。筋肉内のグリコーゲンが減少すると、プレイに影響するからである。炭水化物が豊富な食物は、体内のグリコーゲンを補給してくれる。グリコーゲンは脂肪より簡単に燃えるので、手っ取り早く運動のエネルギーを得るには都合の良い燃料である。筋肉グリコーゲンが枯渇してくると血糖を必要とするが、エネルギー源としてブドウ糖でエネルギーレベルを維持するのは長時間の試合では非常に難しい（ロバーツ、２００１）。

また、試合前の食事には、タンパク質が含まれていなくてはならない。タンパク質は消化・吸収するための時間が炭水化物より長いので、空腹感を避けるのに役立つ。マグロ、ピーナツバター、卵、魚、鶏肉、および赤身の肉などが良質のタンパク質を多く含んでいる。また、マヨネーズ、バター、油、サラダドレッシング、サワークリーム、肉汁、マーガリンなどは消化するための時間が長い（消化に最大8時間かかることもある）ので、こうした脂肪を摂取すべきではない。なぜなら試合中にまだ消化活動が続いていると、プレイに必要なエネルギーを胃での消化に分散しなければならないからである。

胸やけや消化不良を起こすようなスパイシーな食品や、人によってはお腹が痛くなったりする乳製品などの摂取も避けたほうがよい。また油っこい食べ物も、脂肪と同じように消化に時間がかかりすぎるので、避けるべきである。

6 水分補給——勝つために飲む

チチェスター（2002）の研究によれば、人は汗をかいて体重の1～2%の水分が失われただけで心身の機能に変調をきたすということである。水分の補給がないと、トータルな血液の量と血液による全身への酸素の供給が減少することになる。水分が体から奪われるということは、同時に電解質とナトリウムも失われているということである。スポーツドリンクは、ナトリウム、カリウム、塩化物、マグネシウムなどの重要な電解質を補給するのに有効である。

脱水による最初の兆候は、集中力がなくなり疲労感が増すことである。これは電解質のバランスと適切な機能を維持するために、脳と心臓が水を必要とすることで起こる。脱水状態になると、大きなパフォーマンスの低下に直結する。ハイドレイト（2002）の研究によれば、水分量が3～5％低下すると、筋肉の収縮の強さは10％低下し、スピードも8％低下して、さらに頭痛、めまい、けいれん、および吐き気などが起こるという。

練習の中に積極的にリカバリー・トレーニングを導入すれば、試合でエネルギッシュにプレイできる

水分補給の目安として、のどの渇きをあてにしないように選手に言っておかなくてはならない。のどの渇きを感じるまで水分補給をしないでいると、本当に必要な水分量の50～75％ぐらいまでしか補うことができなくなってしまう。

また、練習の前後で各選手の体重を測ると、練習によってどのくらい体重が減ったのかがわかる。体重が500g減ったとすれば体内の水分が500mℓ失われたということなので、当然500mℓの水分補給が必要となる。また、1週間で2・5〜5kgも体重が落ちたとすると、脂肪の減少はそれほど速くはないので、体内の水分が大量に奪われていると考えたほうがよい（ライマースとルドルフス）。

また、練習や試合の2時間前には少なくとも400mℓの水を飲むべきである。その水を腎臓が処理するのに、60〜90分間かかるからである。さらに試合前15分には、また200〜400mℓの水を飲む。これはウオーミングアップで汗をかいて失った水分を補給すると同時に、高くなった体温を下げるための措置である。

さらに、練習や試合が始まっても、15〜20分ごとに少しずつ水を飲むようにするべきである。練習がいつもよりハードだったり、気温が高かったり、あるいは大観衆の前での試合だったりしたら、練習や試合の前後や最中にさらに多くの水分補給が必要となる。

7 栄養補助食品

ある研究によれば、プレイ後30〜60分以内に炭水化物とタンパク質を摂取すると、12〜16時間後に筋肉を再び使うことができると言われている。こうしないと翌日エネルギーが不足し、その結果、やる気が出ないということが起こってしまう。この場合、炭水化物とタンパク質の比率は3対1になるようにしてもらいたい。

筋疲労の回復のためには、炭水化物が筋肉グリコーゲンを再び蓄え、タンパク質が傷んだ筋肉を修復するのに使われる（リダネ、２００２）。この分野の専門家であり、スポーツドリンク「R－4」の開発者でもあるエド・バークも、試合後30～60分以内に高炭水化物と高タンパク質の食品を摂るように勧めている。また彼は、試合後２～４時間の間に、炭水化物（65％）、脂肪（20％）、およびタンパク質（15％）からなる食事を摂ることも推奨している（ロバーツ、２００１）。

第8章

チームづくりのプログラム

チームワークの良し悪しが勝負の分かれ目になることはよくある。有名選手をそろえたチームがそれぞれの持っている力をうまく発揮できずに、簡単に負けたりすることがある。逆に、無名選手ばかりのチームが一丸となって勝ち進んだりすることもある（ハーディーとクレイス、1997）。

「チームワークが良い」とは以下のように定義されている（ユケルソン、キャロン、スピンク、1997／プラパベシス、1997）。

- チームのメンバーが持っているものをすべて出し切る。
- チームの全員が目標を共有して、それに向かって一体となって取り組む。
- 選手一人ひとりが望んでいることと、チームが目指している方向性が一致している。
- チーム内のコミュニケーションがうまくとれている。

すでに第5章では、チームの目標達成を妨げるいくつかの問題点を挙げておいた。レンシオーニ（2002）は、「信頼感のなさ」「摩擦を避けようとする」「チームに溶け込もうとしない」「責任の回避」「結果への無関心」を「チームの5つの機能不全」と呼んで、チームがうまくいかなくなる原因について以下のように述べている。

レンシオーニによると、「信頼感のなさ」はチームの仲間同士が自分たちの考えや気持ちをお互いにオープンにしないために生じるという。これがいったん起こると、自分の意見を正直に言わなくなったり、みんなで議論して良いアイディアを共有したりなどということがなくなってしまう。そうなると、チームのメンバーはチームの決定事項や目的を心の底では受け入れなくなってしまうのである。また、チームのメンバーが共通の考え方を持っていないと、責任のなすり合いが起こったりもする。つまり、チームの目標に向かって全員の努力が結集されるのではなく、自己主張ばかりするようになるのである。

こうした問題をうまく解決できれば、お互いの信頼によってオープンな話し合いが十分にできるようになり、チームの理念に全員がぴったりと一致したすばらしい集団がつくられることになる。こうなれば責任の所在もはっきりし、役割の分担もできるようになるので、チームの目標を達成するために全力を尽くせるようになる。

「チームワークの良さ」の重要な要素として、チーム内の問題をクリアにしながら、全体をさらに良い方向へまとめあげていくということがある。これを「チームづくり（チームビルディング）」と言う。こうしたチームづくりの目的は、チームの方針や目標、規律や個々の役割、および責任などについて、メンバー全員を同じ土俵に上がらせることにある。

慎重に練りあげられたチームづくりのプログラムを実行することによって、問題が起こる前にその芽をつみ取ることさえできる。もちろんプログラムを使いさえすればチームが必ずまとまるというわけではない。それでも指導者と選手が自分たちの目標、ルール、規律、今後起こり得る問題などについて話し合う場を築くことができる。

このチームづくりのプログラムは、以下の6つの構成要素から成り立っている。

①　チームが向上するために必要な全体としてのモチベーション
②　チームカラー
③　チームの目標と個人の目標
④　責任感
⑤　チーム内のコミュニケーション
⑥　チームの絆づくり

1　選手とチームのモチベーション

選手のモチベーションを最高に高める方法のひとつは、選手が目指そうとしていることを指導者がよく理解し、その達成をサポートすることである。たとえば、ある選手が一流大学で奨学金をもらえるだけのレベルまで自分の技術を高めたいと思っていれば、そういう指導をしてくれる指導者に教えてほしいと思うはずである。つまり、選手のやりたいことと指導者がやらせたいことがマッチしていれば誰でも満足するし、ますます練習に励むようになる。逆にやりたいことと合っていなければ、不満も出るし結果にもつながらない。こうしたことは、選手一人ひとりだけでなく、チーム全体の場合も同じである。

「チームの目標と選手の目標がぴったりと一致していると、選手は完全にチームプレイに徹することができる」
――パット・ウィリアムズ、オーランド・マジックのシニア統括副部長
(1997、p. 129)

選手が口では一流になりたいと言いながら、本当のところはただ有名チームに所属しているだけで満足しているような低い意識しか持っていないこともある。つまり、実際にはリーグ選手権に勝ちたいという指導者の思いとはまったく違うところに選手のモチベーションがあったりするのである。
それを知るためにも、まず指導者は選手が本当にやりたいことを理解し、彼らのやる気を最大に引き出そうとするところからスタートしなければならない。選手が本当にやりたいことは何で、チーム

の仲間や指導者に何を望んでいるのかを知ることはそれほど難しいことではない。

選手たちに、以下のような質問をしてみていただきたい。

- 次のことができるようになるために、プレシーズンやシーズン中に指導者にやってほしいことや言ってほしいことを3つ挙げなさい。
  - ⬇チームの目標を達成するためには
  - ⬇自分の目標を達成するためには
- 次のことができるようになるために、プレシーズンやシーズン中にチームの仲間にやってほしいことや言ってほしいことを3つ挙げなさい。
  - ⬇チームの目標を達成するためには
  - ⬇自分の目標を達成するためには

こうした質問から選手が考えていることがわかってくると、どんな〝ボタン〟を押したら選手と気持ちが通じ合えるかがつかめるようになる。もちろん、「指導者はいつも選手の気持ちに合わせて行動せよ」などと言っているわけではないが、少なくとも相互理解のガイドラインにはなるはずである。たとえば、選手が指導者に「私が試合中に集中力をなくしてバタバタし始めたら、何か言ってほしいんです」と言ってきたとしたら、指導者はその選手を精神的に立ち直らせる鍵を持つことになるわけである。

2 チームカラー

周囲、たとえば相手チーム、ファン、家族などからチームがどのように思われているかを知ることは、自分のチームの選手を理解する重要な方法である。また、選手に「チームカラー」をはっきりさせるように言うことによって、チームの目標や価値観、周囲からどう評価されたいのかについて、彼らの考えていることがわかってくる。

選手たちに以下の質問をしてみてほしい。

- 相手に自分たちがどんなチームだと見られたいと思いますか。
- 練習中にチームがどんな雰囲気だったらいいですか。また練習を見ている観客は、それをどんな目で見ていると思いますか。
- 自分たちのチームが大会の役員やメディアにどのように見られたいと思いますか。

こうした質問から得られた情報をもとに、チームカラーをつくりあげていただきたい。そして、こうしてできた自前のチームカラーに似つかわしくないプレイをしている選手がいたら、これを使って自分がチームの一員として何をするべきなのかを教えてほしい。

3　チームの目標と個人の目標

目標を設定することで、選手のやる気や自信、さらには信念、努力、精神的な準備などが向上し、プレイに良い影響を与える。目標をきちんと立てることは、旅行する前にルートを下調べしておくことと同じだとよく言われている。あらかじめ万全の準備をしておけば、安全に、しかも効率よく目的地に到着できるというわけである。

この目標設定のプロセスを始めるにあたっては、次のような質問を選手にしていただきたい。

- これからの5年間にバレーボールでどんなことをやり遂げたいですか。
- バレーボールで今年は何を達成したいですか。
- チームは今年何を達成しようとしていますか。
- あなたが改善すべき点は何ですか。
- チームとして改善すべき点は何ですか。

特にシーズンオフかプレシーズンの練習の間に、選手にこうした質問に答えさせることで、彼らも自分自身やチームのことをよく考えるようになる。その結果、自分やチームが何を改善していかなくてはならないのかが明確になってくる。また、短期的な目標についても長期的な目標についても、お互いによく理解し合い、それを共有できるようになる。目標を共有することは、チームの大きな力と

"SMART な目標設定" はチームを勝利へと導く

なることをよく知っておいていただきたい。

1 目標設定の方法

目標設定の方法として有名なのが、「SMARTゴールセッティング」（賢い目標設定法）である。

- S＝Specific（あなたの立てた目標は、具体的ですか）

「ベストを尽くす」というのは抽象的な目標であって具体的ではない。目標は、何をどう改良するのかというように具体的でなくてはならない。別の言い方をすれば、これを「実行目標」と呼ぶ人もいる。

- M＝Measurable（あなたの立てた目標は、測定可能なものですか）

目標は数値などのような客観的な指標で測定し、評価できるべきである。

- A＝Achievable（あなたの立てた目標は、達成

可能なものですか）

目標は個々の選手とチームの能力の範囲内で設定されるべきである。

- R＝Realistic（あなたの立てた目標は、現実的ですか）

目標は易しすぎても難しすぎてもいけない。それは挑戦しがいのあるものであるべきである。

- T＝Time-phased（あなたの立てた目標は、期限が区切られていますか）

目標は必ず達成期限を区切って立てられなくてはならない。

以上の5項目には、目標設定のポイントが盛り込まれている。多くの選手が「結果の目標」だけを目指そうとしがちだが、それでは目標は達成できない。結果の目標とは、試合で勝つことや優勝すること、あるいは個人タイトルを取ること、などである。しかし結果は結果であって、選手がコントロールできるものではない。だからこそ「実行目標」が重要となってくる。

実行目標は、ビジネス界では「アクションプラン」などとも呼ばれているが、選手が最終的に長期の目標を達成するための飛び石（短期的目標）として使われるべきである。短期的な実行目標には、選手がさしあたって改善していかなくてはならない技術、戦術、あるいは心や体の問題などがある。選手が実行目標に気を配るようになると、自然に自分自身を大切にするようになる。

また、目標達成の戦略には、選手が短期の実行目標をどのように計画し、さらに練習や試合で明らかになったウイークポイントを、ドリルや行動、あるいは考え方などによってどのように改善していくかということが含まれている。

2 フィードバックの重要性

目標設定のもう1つ別の重要な側面はフィードバックである。それにも前述の「SMARTゴールセッティング」を使うことができる。なぜなら「SMARTゴールセッティング」は、選手が自分で自分の目標に対してフィードバックできるという性質を持っているからである。たとえば、目標の何が達成されたのか、もし達成できていないとしたら何が問題なのか、といった具合にチェックできる。

選手自身が自分の目標を立てるべきではあるが、必要に応じて指導者のアドバイスを受けることも大切である。同様に、進捗状況や目標に細かな変更を加えることについても、指導者からアドバイスを受けるべきである。

以下に紹介するのは、セッターとスパイカーの「SMARTゴールセッティング」の事例である。

- 私は今週の練習で、80%以上の確率で良いトスを上げることを目標にする。つまり、ミスは15回に1本にとどめる。
- 私は練習の前か後の20分を、ブロックカバーの読みを良くするために、試合や練習のビデオを観察するのに使う。
- 私は今週の練習で、サーブとスパイクのミスを改善するために、毎回必ずプレルーティーンを実行する。

- 私は今週のすべての練習の前と最中の何分かを使って、指導者にチェックをしてもらい、次の金曜日までにすべての新しいプレイを身につける。

選手は、達成されようとしている目標からは「自分は何をやり続けなければならないのか」、そしてまだ達成されていない目標からは「何がうまくいっていないのか」「どこを直さなければならないのか」などを学ぶことができる。このとき指導者は、修正すべき点について具体的な指示を選手に出すようにする。選手と指導者が一緒になって、あらかじめ決めておいた目標に対する進歩の具合をチェックすれば非常に建設的である。さらに指導者が、進歩の具合をこまめにフィードバックしてやれば、選手にとって大きな力にもなる。

「もし、チームと個々の目標が同じであるならば、それは達成されたも同然だ」
——マイク・クシジェフスキー、デューク大学バスケットボール監督
（ウィリアムズ、1997、p.183）

個人目標やチームの目標を選手やチームに提示する方法のひとつに、それらを階段上のダイヤグラムにあてはめるやり方がある。これを使うと、選手が次のステップや目標へ進む前に、あらかじめ何を達成しなければならないかが一目瞭然となる。階段の下の部分はプレシーズンの目標、次に続くの

図8-1　短・長期的なチームの階層的目標

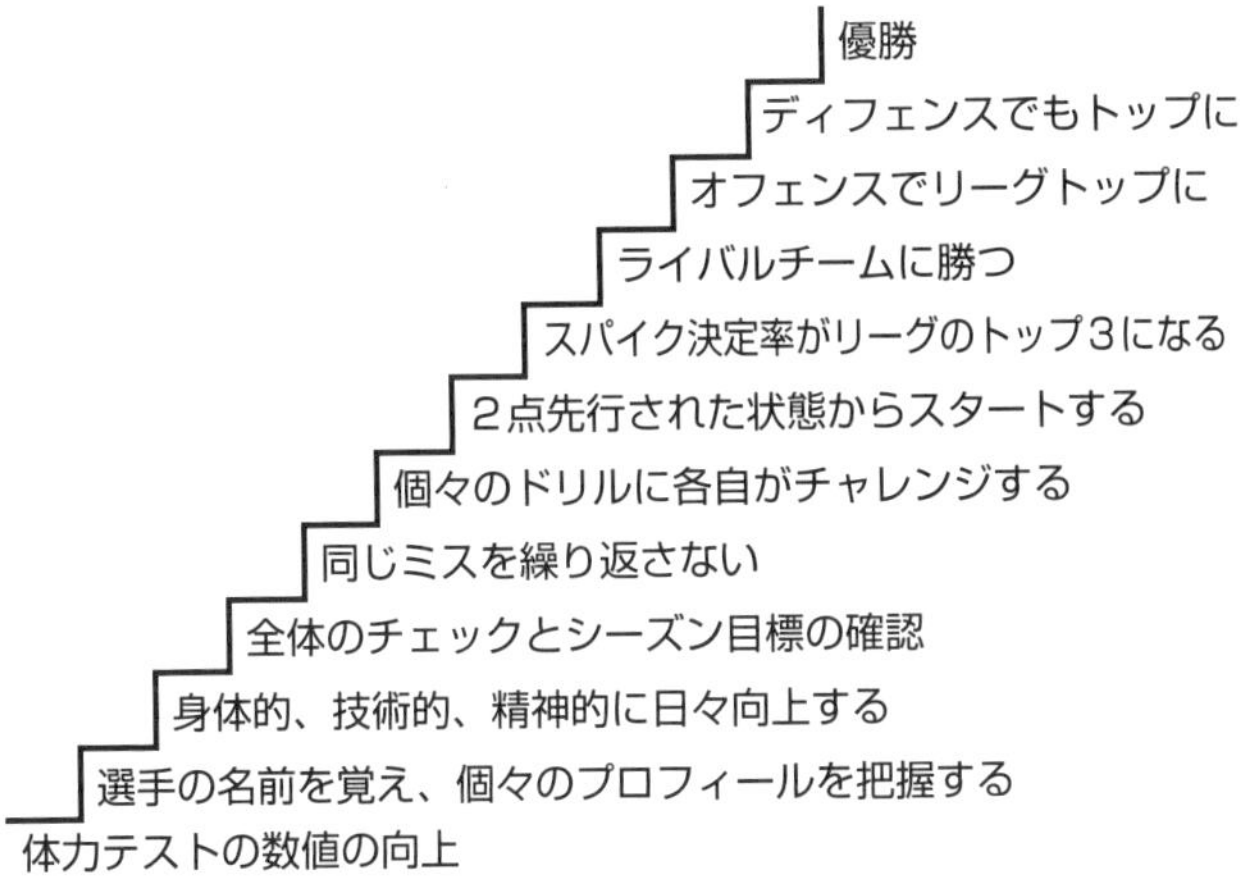
優勝
ディフェンスでもトップに
オフェンスでリーグトップに
ライバルチームに勝つ
スパイク決定率がリーグのトップ3になる
2点先行された状態からスタートする
個々のドリルに各自がチャレンジする
同じミスを繰り返さない
全体のチェックとシーズン目標の確認
身体的、技術的、精神的に日々向上する
選手の名前を覚え、個々のプロフィールを把握する
体力テストの数値の向上

がシーズンの目標であり、上の部分がポストシーズンの結果の目標である。

図8-1は、チーム全体の目標とその進み具合の一例である。見ればわかるように、この中には短期の実行目標と長期的な結果の目標とが含まれている。こうした目標の見取り図を選手一人ひとりに渡してもよいし、またロッカールームや練習場に掲示してもよい。さらにこのやり方で、ポジションごとにやるべきノルマや目標を入れて同じようなものをつくることもできる。

4 責任感

指導者がチームの理念や目標、チームカラー、練習ノルマなどについて繰り返し説き続ければ、選手の心の中にもそれらがしっかり残るようになる。また、選手たちに目標やノルマについて責任感を持たせると、自分たちで責任を分担するようになり、その達成がより易しくなる。

選手に責任感を持たせる1つの方法としては、自分の進歩の度合いをチェックさせ、どの部分をさらに改良していかなくてはならないかを考えさせればよい。こうした評価と指導者からの励ましを頻繁に行い、またチームの重要な問題について選手たちが意見を言い合う場を持つことによって、彼らに責任感、チームへの帰属性、チームの方向性との一体感などが生まれてくる。

個々の責任感やチームの一体感などを具体的に評価するには、選手に自分たちの進歩の状況を1点から10点までの幅で点数化させてみればよい。この場合、1点というのは「まったく進歩なし」であり、10点は「非常にすばらしい進歩」という意味である。

それぞれの目標やノルマに対するチーム平均をとってみると、チームとして何が良くなり、また何がまだ十分ではないのか、あるいは進歩や向上のためにさらにどんなことをしていかなくてはならないのかについて活発な議論がなされるようになる。

目標設定プログラムの重要なポイントは、チームのルールや規律の理解、あるいは積極的にコミュニケーションをとることにあり、これは選手が自主的にしなければ意味がない。しかし、これがうまくいくと、チームは「監督主導のチーム」から「選手主体のチーム」へと変わっていく。サンディエゴ・チャージャーズのマーティ・ショッテンハイマー監督は、こうしたことが実にうまい監督である。彼は「私の経験では、選手がチームを動かしているというのが最高にうまくいっているチームだと思う」と言っている（ディデンジャー、1995）。

指導者がオープンに話し合いができるような雰囲気をつくって個別に面談したり、全体でのミーティングなどを頻繁に行ったりすることで、選手は気がねなく自分たちの意見を言い合えるようになる。

ここで忘れてならないのは、選手からのフィードバックや意見交換はチームとしての規律や目標、あるいはルールだけに限らないということである。つまり、プレイの時間や状態、スケジュール、練習内容、試合の戦略など、あらゆることが指導者に寄せられるべきなのである。アリゾナ・カージナルスのデニス・グリーンは、選手からのフィードバックの扱いについて監督たちに次のようなアドバイスをしている。「監督がおかしやすい典型的なミスは、自分がスーパースターになってチームのルールを書いてしまうことである」（『ロサンゼルス・タイムズ』、2003）。

チーム全体として、あるいは個々の選手がそうしたフィードバックに主体的に取り組めないような場合には、指導者が介入するしかない。たとえば、先頭に立ってチームを引っ張れないようなキャプテンだとすれば、そのキャプテンを交代させることだってある。また、先発メンバーとしてふさわしくないプレイをする選手であれば、すぐに控え選手と交代させるべきである。ただし、こうした介入は冷静な計算の元に行われるべきである。なぜならば、その選手が誤りに気づいて行動を変えるような適切な〝ボタン〟を見つけるには、けっこう時間がかかるからである。

ミスした選手を交代させれば、監督の気持ちはスッキリするかもしれない。しかし、それがチームの成長につながるとは限らない。選手にペナルティを課すことでチームをまとめようと考える指導者がよくいる。だが、たいていの場合、そんなことをすれば選手の責任感は薄れ、プレイ中に監督の怒鳴り声ばかりが響き渡ることになる。

むしろ選手を交代させたり怒鳴ったりしたいときこそ、「指導の絶好のチャンス」ととらえるべきである。この「指導の絶好のチャンス」というのは、たとえばある選手がチームメイトのために自分を犠牲にして頑張っているときに、そのことが他の選手にもわかるようにはっきりとほめてやったりすることである。ところが、多くの監督はミスばかりを指摘するために、チームが良くなろうとする芽をつぶしてしまっていることがある。

チームの目標や規律に従って行動するように選手を教えていこう。そうすれば選手はチームとしてやるべきことを正しく理解して、チームの目標に沿って行動できるようになる。

◇選手のチームへのかかわり方に見る6つのレベル

ジェフ・ジャンセンは『勝つためのチームづくり』という本の中で、チームへのかかわり方について6つの異なったレベルがあると述べている。この6つのレベルには連続性があり、たとえば抵抗勢力と呼ばれている最低レベルから、完璧なかかわり方である最高レベルまである。以下に述べる各レベルの定義を一読した後で、あなたが指導している選手たちはどのレベルにあるかをチェックしていただきたい。

- レベル1……抵抗勢力と呼ばれているレベル。チームのメンバーとは一線を画しており、ただ自分の個人的なモチベーションだけで動いている。
- レベル2……イヤイヤやっているレベル。何となくチームでやってはいるが、みんなと同じ方向を向いているわけではない。
- レベル3……気の合った仲間だけでやっているレベル。チームの目標とは合わない行動をする。
- レベル4……監督の言われるままに動いているレベル。何をすべきかはわかっていて、正しい行動をとることの大切さも理解している。

毎日自分たちのすべきことがすぐに思い出せるように、南カリフォルニア大学の選手のTシャツの背中にはチームの目標がプリントされている

- レベル5……自己責任がとれるレベル。監督に言われるままに動くのではなく、チームの勝利にエネルギーを注ぎ込むことができる。
- レベル6……最高レベル。チームの目標に沿って完全に動いており、そのために必要なあらゆることができる。

ジャンセン（2002）によると、チャンピオンになるようなチームの選手はほとんどが上位2つのレベルにあるという。

さて、あなたが教えている選手たちはどのレベルにいるだろうか。こうして評価してみれば、選手がどんな点に価値観を持って練習したりプレイしたりしているのかがわかるようになる。

「チームは単なる個の集まりではない。チーム間に信頼が築ければ、成功は保証されている」

――ウィリアムズ（1997、p.8）

5 チーム内のコミュニケーション

チーム内でコミュニケーションをはかり、チームワークを築きあげることとは、当たり前だと考えられている。しかし実際には、これがうまくいっているチームはそれほど多くない。

指導者から選手、選手同士、あるいは選手から指導者へといったコミュニケーションに問題があると、さまざまな摩擦が生まれる。そうならないためにも、チームの誰もが効果的なコミュニケーションのスキルを身につけるようにしなければならない。そうすることによってチームワークが形成され、結果的にコートでの勝利につながっていく。

また、ミーティング中のお粗末なコミュニケーションスキルのために起こるさまざまなトラブルとその改善方法についても、もっと真剣に学ぶ必要がある。

効果的な議論をするためには、話し手と聞き手の発言が意味あるものでなければならない（112ページ図8-2）。

「目の前の選手と話し合えないというのなら、それは指導者ではない」
――スティーブ・マリウス、デトロイト・ルイーズのヘッドコーチ
（ドルフマン、2003、p.42）

選手も指導者も、自分たちが練習や試合中に発している、いわゆる「外からわかるシグナル」について知っておくべきである。「外からわかるシグナル」というのは、非言語的シグナル、つまりボディーランゲージ、姿勢、しぐさ、および表情などである。これらはポジティブな意味もネガティブな意味も含んでいる。当然、ネガティブなしぐさなどは、お互いのコミュニケーションをオープンにするようには働かない。しかし、選手の多くは苦しくなると無意識にネガティブなしぐさをしてしまい、どんどん悪いほうへ自分をもっていってしまう。もちろん、監督がこうしたマイナスなシグナルを連発するようでは、勝敗の結果は目に見えている。

図8-2のように、ミスコミュニケーションは、言葉だろうと非言語的なしぐさや表情だろうと、

図 8-2　メッセージを送る、受け取る

メッセージを効果的に発信するには

- 直接的で、具体的であること
- はっきりしていて首尾一貫していること
- 一度に1つのことに焦点を当てること
- 指示内容とその後に行う非言語的なメッセージとの間に矛盾がないようにすること
- メッセージはすぐに伝えること

メッセージを効果的に受け取るには

- 積極的に聴く（与えられた指示や、アイコンタクトなどのような非言語的なコミュニケーションに注意を払う）
- 共感をもって聴く（話し手とメッセージの重要性を認識する）

送り手と受け手の双方のメッセージがあいまいなために起こる。そんなときでも指導者がチーム内のコミュニケーションのパターンについてよくわかっていれば、必要に応じて適切な処置をとることができるだろう。

コミュニケーションがうまくいかない結果としてよく起こるのは、フラストレーション、怒り、不満、足の引っ張り合い、軽蔑、対立、派閥化などである。こうしたことは、全員が効果的なコミュニケーションの重要性を理解し、どうすればそれを改善できるかについてしっかり話し合いをすることで避けることができる。

◇「コミュニケーション十戒」

どのチームでも、トラブルはシーズン中に起こりやすい。しかし、シーズンに入る前から、きちんとしたコミュニケーションのやり方を確立して

図8-3 コミュニケーション十戒

私は、

1 正直で、首尾一貫している
2 聞き上手である
3 自分の心地よい殻から出る勇気を持つ
4 人の気持ちがわかる
5 決して皮肉を言ったりはしない
6 具体的で前向きなフィードバックをする
7 監督やチームメイトを信頼している
8 チームメイトには気がねなく意見が言える
9 ボーッとしているチームメイトを注意する
10 ポジティブな非言語的コミュニケーションを使う

いれば、問題を特定し改善するための方法を見つけ出すのはそれほど難しくはない。

以下に紹介する「コミュニケーション十戒」（アンシェル、1990）は、選手と指導者がオープンなコミュニケーションをはかるために有効である。図8-3のリストは、指導者と選手がチームコミュニケーションのトレーニングに使えるように若干の変更を加えておいた。

正直で、首尾一貫している（1）とは、選手が本当に聞く必要があるのは何かという意味である。誰だって耳障りのいい話には耳を傾ける。しかしチームを勝利に導くためとはいえ、選手のご機嫌うかがいをするようではよくない。時には耳に痛い言葉でも、チームの勝利に向かって選手がなすべきことをしっかりと伝えるのが指導者の役目である。

聞き上手になる（2）とは、「アクティブ・

リスニング」、つまり積極的に人の話に耳を傾けるということである。しかし、たいていの人はこれがなかなかできない。先入観や思い込みが邪魔をするのである。選手が新しい思いつきを言ってきたら、それに素直に耳を傾けてやればよい。悩みがあれば、誰かに聞いてほしいというのは当然である。しかしチーム内にそうした雰囲気がなければ、悩みはエスカレートし、さまざまな不協和音の原因となってしまう。こうしたことからも、指導者は選手が遠慮なく自分の内側をさらけ出せるような雰囲気づくりに気を配る必要がある。

指導者が選手に皮肉を言うのは百害あって一利なしである（5）。長い間かけて築いた信頼も、心ない皮肉によってあっという間に壊れてしまう。必要に応じて、強い口調で指導しなくてはならないことはあるが、皮肉はよくない。皮肉はどんな人のやる気も奪ってしまうので、決して良い方向に作用するものではない。

また、良い指導者は肯定的で生産的な2つのフィードバックを使用する（10）。たとえば「君は本当に良い選手だ」といったような肯定的なフィードバックは、選手の自信を高めプレイの改善につながる。しかし、トップアスリートの場合には、こうしたいわゆる「何となく温かい励まし」以上のものをほしがっている。つまり彼らは「何をやれば良いのか悪いのか」「なぜそうなのか」といった自分のプレイのヒントになるような生産的なフィードバックを言ってほしいのである（6）。こうした生産的なフィードバックは、ただほめて選手の自尊心をくすぐるのではなく、プレイの改善に直結するポイントを選手に与えることである。

チーム内に相互の信頼感があるかどうかは非常に重要な点である（7）。選手同士の信頼が厚ければ、相手がどう思うか気にせずにお互いのプレイを厳しく批判することもあれば、もっとやってほしいと要求することだってある（8）。もちろん、ずけずけとものを言ったからといって、練習や試合が終われば、いつもの友だちであることに変わりはない。仲間とがんがんやり合えるというのは、お互いを信頼しているからできることである。

「チームの中で、心の底から勝ちたいと思っている者は20％、まったくそう思っていない者が20％、そして勝ちたいとは思っていてもどうしていいかがわかっていない者が60％だと私は思っている。だからこそ、指導者は選手に対して責任があり、また信頼しなくてはならない」

——ジョージ・オリアリー、元NFL監督（USA Today、2003、p.2c）

選手自身もチームを本当に良くしたいのであれば、自分の殻から出てどんどん意見を言うようでなくてはならない（3）。しかしその場合も、言い方には注意が必要である。相手に良くなってもらいたいと思って言ったとしても、言い方によっては相手を傷つけてしまうことだってある。

また、仲間がミスをしてイライラが募ったとしても、そんなときこそぐっとこらえて明るく励ましたり、アドバイスできるようであってほしい。

「チームがまとまってさえいれば、周りがどうであろうと試合を優位に進めることができる。しかし、逆にチームがバラバラになってしまうと、あっという間にリズムを乱し、ちょっとしたプレッシャーにもつぶされてしまう」

――ビル・パーセル、ダラス・カウボーイズのヘッドコーチ

（ウィリアムズ、1997、p.147）

6 チームの人間関係を高める活動

長年、チームスポーツにかかわっている指導者は、シーズンに入る前の合宿でチームのまとまりをつくろうとする。この合宿の目的のひとつは、チームの仲間をお互いによく知り、絆を深めることにある。チームがしっかりとまとまっていれば、シーズンが始まってプレッシャーがかかってきても十分に乗り越えることができるし、成功にもつながるからである。

チームの人間関係には〝競技者としての関係〟と〝仲間としての関係〟の2つがある。競技者としての関係はチームの力が共通の目標に向けて一体となって働くことであり、また仲間としての関係はチームの仲間同士のつながりを意味している（キャロン、スピンク、およびプラバベシス、1997）。

この2つの関係がともに良好なのが理想的なチームと言える。選手同士がバレーボール以外でもコートと同じような強いつながりのあるチームは、たいてい良い成績を残している。

これに対して、いくつかの派閥に分かれていたり、個人的ないざこざがたえなかったり、コミュニケーション不足などの問題があるチームは、毎日のように人間関係の部分で苦労を強いられる。こうなると、選手がコートでどんなに努力をしようとしても、うまくいくものではない。

チームづくりのためのプログラムは、この両方の関係を改善することを目指している。特に選手が目標やノルマの設定、あるいはブレインストーミングなどの講習を受けることで、みんなの意識が同じレベルになり、競技者としての関係が良くなっていく。

「チャンピオンになりたければ、常に全力をつくせ。たとえ誰も見ていなくても！」——体育館の壁にやる気に満ちた言葉を貼ってチームの一体化を図るのは、選手としてだけではなく人間的なつながりも深めてくれる

2001年の『スポーツ・イラストレイテッド』の記事には、全米トップクラスのアメリカン・フットボールチームの多くが、仲間意識を高めるために夏の自主トレ期間のプログラムにどんな活動を組み入れているかが詳しく紹介されている。その記事のタイトルは「熱くまとまれ。そうすれば誰にも負けない」だった。

オレゴン大学の選手はみんなでウィラ

メット川のいかだ下りをしたし、ミシシッピー・ブルドッグスは軍隊まがいの基礎トレーニングを敢行した。その他にも、ルイジアナ州立大学の選手が空手の稽古に参加したり、イリノイ大学の選手は水曜日の夜に行われるフットボール選手限定のソフトボール大会に参加したりした。バージニア工科大学のホッケーチームがストックカーレースに出たり、テキサス工科大学の選手は地元のボクサーとの練習試合を計画したりもしている。

このようにやり方はいろいろだが、こうした仲間意識を高めるための活動は、9月に開幕するリーグ戦で勝利を収めるために、チーム内の連携をできるだけ緊密にしようという意図で行われている。こうした活動については、指導者は選手たちの自主性を尊重し、よほどのことでない限り口をはさむことはしないほうがよい。

「シーズン中に必要な信頼関係は、夏（プレシーズン）の間につくりあげられる。そして、この信頼関係こそがフットボールチームで最も重要なことなのだ」

――リャン・シュミッド、オレゴン大学フットボールのセンター

（マッカラム、2001、p.76）

7　チームづくりの実際

チームづくりのためのプログラムには、ここまでに説明した6つの構成要素が組み込まれている必要がある。

以下の7つのステージは、チームづくりのためのプログラムの一般的な実行の手順と、それをバレーボールのチームに使う際の具体的なやり方である。

【ステージ1】

指導者は、まず「このチームが成功するためには何をしなければならないか」という問いに答える。この問いに答えるために、すでに第3章で説明したような身体的、技術的、戦術的能力、ならびにチーム力、メンタルタフネス、感情コントロールなど、競技力を決定する要素に関してすべて考えなければならない。

【ステージ2】

ステージ1の内容をもとに、チームを向上させるためにはどんなことが必要なのかを特定し、具体的な計画をつくらなければならない。またこのとき、チームをまとめるための活動とチームづくりのためのミーティングで話し合われるべき項目も決定する必要がある。

【ステージ3】

チームがまとまるには何をし、またより良いチームコミュニケーションがとれるようになるにはどうしたらいいのかなどを指導するために、選手と監督で最初のチームミーティングを行う。このとき監督は、チームが成功するために何が必要かについて、選手たちがブレインストーミングするのをリードする。やり方としては、コーチングスタッフと選手から出てくる意見をすべて黒板にリストアップするのである。こうすることによって、選手たちが自分のプレイで最もやりたいことは何なのか、チームの仲間や監督の行動、評価に何を期待しているのかを考える非常に良い機会となる。

【ステージ4】

チームとしての優先順位を入れていき、ブレインストーミングをさらに行う。そうすることでポイントが明瞭となり、何をするべきかについての評価と説明ができるようになっていく。こうした作業をすることは、選手が自分たちのするべきことについて理解を深めていくとても重要なステップである。ミーティングのもう1つのポイントは、チームカラーを確立することである。

【ステージ5】

短期的目標と長期的目標、およびその目標はどうすれば達成できるのか、チームのルール、実行の手順などの具体的なアクションプランがフォローアップ・ミーティングで検討されるべきである。

【ステージ6】

さらにフォローアップ・ミーティングでは、チームの規律や目標に従った進捗状況（評価シートやオープンな話し合いなどによる）や、チームのまとまり具合やコミュニケーションなどについても評価する。選手が最大限努力できるように、フィードバックや評価をしてやることはきわめて重要なことである。

【ステージ7】

チームミーティングでは、シーズン中に起こり得るさまざまなトラブルにどう対処するのか、また選手同士の人間関係を築くための食事会やハイキングなどのような、チームのまとまりを高めるいろいろな活動をいつ行うかについても話し合っておく必要がある。

第9章 メンタルスキルを向上させる指導法

選手たちにバレーボールの技術を教えるのと同じように、メンタルスキルについても指導する必要がある。実際にはほとんどの指導者が自分ではあまり意識しないまま、毎日の練習の中でさまざまなメンタルスキルを教えている。

最近では多くの指導者がメンタル面の重要性を意識するようになり、選手にもそうした情報を伝えたいと考えるようになってきている。その一方で、メンタルトレーニングは時間がかかりすぎるとか、あるいはスランプに陥っている選手や超一流の選手だけがやるものだと考えている指導者もまだかなりいる。

この章の主な目的は、こうしたいまだにメンタルトレーニングに疑いを持っている指導者に目を開いてもらいながら、すべての指導者が毎日の練習の中にメンタルトレーニングをどのように組み込んでいったらいいかについて述べることにある。

バレーボール選手が安定して良いプレイを続けるためには、「視覚化」「目標設定」「心の準備」「集中力」「気持ちの高め方」という5つのメンタルスキルが重要である。以下に述べるこれら5つのメンタルスキルの項目を読んだ後で、これまで毎日の練習の中でどのくらい教え、また使ってきたかを振り返っていただきたい。

1 「視覚化」

視覚化の利用には、以下のものが含まれる。

- 良いプレイと悪いプレイを撮影したビデオを利用する（マッキャン、2002）。
- スカウティングレポートを利用する。
- 試合会場をあらかじめ見ておく。
- 高度な技術を教える場合に、選手が鮮明なイメージを描けるようにぴったりとくる言葉を使う（マッキャン、2002）。
- 練習でプレイや戦術をわかりやすく説明するために、ビデオや図などを使う。
- 練習や試合の前に、その日のプレイについてイメージリハーサルする。
- 試合の前の晩に、試合のコートや大勢の観衆の様子などをイメージする。

・モデルとなるプレイを見て、イメージで反復する（モデリング）。

このように、選手が技術や戦術などを学んでいく場合にはすべてに視覚化が使える。すでにこうしたことを選手にやらせたり、また自分の指導に使っていたりしていたら、それはもう立派にメンタルスキルを教えていることになる。

2 「目標設定」

選手やチームがしっかりした目標を持つと、チームのまとまりやモチベーションの向上につながり、常に目標の達成を目指した行動をとるようになる。

目標設定というメンタルスキルには以下のようなものが含まれている。

・練習スケジュールや計画について、口頭か文書で選手に伝える。
・試合のスケジュールや計画について、口頭か文書で選手に伝える。
・週ごとや毎日の練習での強化ポイントを選手に明確に伝える。
・チームとして修正しなければならない部分を特定し、選手に伝える。
・シーズンを勝ち抜くためにチームとして何をすべきかを議論するチームミーティングを開催する。
・選手にチーム内での役割と責任を自覚させる。

- 各選手が修正しなければならないポイントを繰り返し確認し、徹底する。

　これまでの研究でも、また一流選手たちのコメントでも共通しているのは、目標をしっかり設定することによって、意欲、自信、集中、熱意などが高められていくということである。つまり、長期の目標を達成するために、それを細分化した短期目標を立てることで、選手たちは自分たちの能力や進歩の度合いをより正確に把握できるようになる。最終的な目標に向かって一歩一歩近づいているのがわかると、選手たちの自信や意欲、そして集中力などはどんどん高まっていくものである。

3 「試合前の心の準備」

　技術も体力もほとんど差がない一流選手のレベルでは、試合前の考え方や心のありようが勝敗を分けることになる。試合が始まる前からネガティブなことを考え、今日はダメだと思っていたのでは、良いプレイなど望むべくもない。ポジティブに考え、良いフィーリングで試合に入っていければ、結果は自ずとついてくる。そのためにも試合前にうまく心を調える必要がある。

　以下のリストは、選手たちが心の準備をするのに、指導者として何をしておくべきかを列挙したものである。

- ミーティング、食べ物、体のケア、着替えといった試合前の一連の活動について、きちんとスケジュールを立てる。

- 練習前の活動についても同様に、きちんとスケジュールを立てる。
- 選手が試合に対して自分なりの準備ができるように、余裕を持った〝自由な〟時間を選手に与える。
- たとえばサーブを教えるのであれば、その選手なりのサーブのルーティーンをつくりあげるように指導する。
- ウオーミングアップが正しくできるように説明し、指導する。
- チームの士気が上がるように、試合前に励ます。
- 試合前に選手のやる気や自信が高まり、リラックスしつつも燃えてくるように、選手ごとに適切な言葉かけを行う。

以上のように、試合前に指導者が心がけることはいろいろある。たとえば、ほめたり檄を飛ばしたりしてやる気を高めることもあれば、技術的なポイントの確認をすることもある。また、不安を和らげ、自信と集中力を高めるといったことも当然含まれている。

4 「集中力」

集中力とは、プレイするうえで最も重要なポイントに意識を絞り込むことである。したがって状況に応じて、注意集中の幅や方向をうまく切り替える能力が必要となる。
選手の集中力を高める指導としては以下のようなものがある。
・プレイの鍵を握るポイントについて確認する。
・技術や戦術的な要素に対して、試合中に細かな指示を出す。
・技術や戦術的な要素に対して、練習でも細かな指示を出す。

試合や練習のさまざま場面に、選手の自信を高めるきっかけが潜んでいる

・試合中、タイムアウトをうまく使って、選手の集中力が維持されるように配慮する。
・実際の試合で体験する観衆の声援や視覚的に気になるようなものを、練習ゲームでもできるだけ擬似的に体験できるようにする。

やるべきポイントに集中させることや、あれこれ考えずにためらいなくプレイするように指導することは、選手が状況に応じてうまく集中できる良い方法である。

5 「気持ちの高め方」

選手が気持ちの高め方をコントロールできるようになれば、メンタルタフネスは格段に向上する。どの程度気持ちを高めたらいいかは、選手によってそれぞれ違う。たとえば、あまり入れ込まずにリラックスしていたほうが良いプレイができるという選手もいれば、もう少し気合いを入れたほうがいいという選手もいる。

気持ちの高め方については、以下のことに注意していただきたい。

- 試合前に選手の気持ちを高めるような言葉かけをする。
- そのときどきの感情に流されずに、感情をコントロールできるように指導する。たとえば審判の判定が不公平だったり、出番が少なかったりというように、選手がイライラしやすい場面でも冷静さを保つように指導する。
- どの選手がナーバスになりやすいのか、あるいは気が抜けてしまいがちなのかなどを、彼らのしぐさや表情からわかるようでなくてはならない。気合いの入ったしぐさや表情こそがいいと思っている指導者でも、それが緊張や不安のサインだと見抜いたなら、リラックスするようにアドバイスしなくてはならないのは当然である。

　また、気持ちを高めることと同様に、リラックスも非常に重要であり、そんなことは誰でもできるだろうと思っている指導者もいる。しかし大切なのは、どの程度気持ちを高め、またリラックスすれば良いプレイができるかは選手によってさまざまであるということである。したがって指導者は、その点をよく見きわめて適切に対処する必要がある。

第10章

チーム内の精神的な問題の解決法

「心を解き放て！　そうすれば、恐れも疑いもすべては消える」
――モーフィアスからネオ（ミスター・アンダーソン）へ、映画『マトリックス』より

この章では、選手が持っている力を試合で十分に発揮できるように、さまざまな雑念から心を解放する具体的なトレーニングについて述べることにしたい。

そのトレーニングとは、「タフな考え方や話し方」「自信と信頼」「気持ちのコントロール」「集中力」「心身の準備」などである。これらについては本書のあちこちですでに述べられているが、この章では特に具体的なやり方を、選手や指導者が実際にやりやすいように実例を挙げて説明していくことにしたい。

1　タフな考え方や話し方を身につける

選手が考え方や話し方をコントロールすることは、すべてのパフォーマンスの正否を握っていると言ってもよい。

自分の考え方や話し方についてよく理解し、それらをネガティブなものからポジティブなものへと変えていこうと心がけている選手は、プレッシャーがかかっても安定したプレイを続けることができるようになる。

タフに考えたり自分に話しかけたりすることを心がけていると、〝柔らかく〟とか〝すばやく〟といった短い効果的な言葉が出てくるようになり、プレイは格段に良くなる。逆に、「こんなやつらと一緒にやっていられるか」「高いトスを打つのはどうも苦手なんだよな」などは後ろ向きの考えの典型である。

「指導者は、〝できる〟とか〝やるぞ〟といったポジティブな言葉を言える選手を育てなければならない。指導者が温かく見守り信じてやれば、それが選手はできるようになる。〝頑張ります〟という言い方は、あいまいで自信のなさの表れでしかない」

――ジョナ・ブレーデン、ケンタッキーのバレーボールの監督（2002、p.38）

言葉はいろいろな作用を持っている。たとえば、うまく自分へ言葉をかければ、プレイのポイントに集中しやすいということがある。また、「自分はすぐにびびってしまう」「今日の相手のディフェンスを打ち破るのはとても無理だ」というようなネガティブな言葉で、始まる前から気持ちが負けてしまう選手もいる。いずれにしても、こうした考え方や話し方はプレイの成否を決める〝諸刃の剣〟だということをよく理解しておいていただきたい。

①ネガティブ・シンキングの典型的な例

❶結果ばかりを気にする

「このセットを落としたらどうしよう」「この試合に負けたらどうしよう」などのように、結果にばかり意識がいくと、目の前のプレイに集中できなくなる。人間はいまと未来を同時に考えることなどできはしない。

不思議なことに、「うまくいかなかったらどうしよう」「失敗したら笑いものになってしまう」などと考えれば考えるほど、そのとおりのことが起こる。これは、われわれの肉体は考えたり言ったりしたことに大きく影響されるという性質があるからだ。だから、「このセットはダメそうだ」と思えば本当にそうなるし、逆に心の底から「やるぞ、やれそうだ」と思えればピンチをチャンスに変えることだってできる。その意味では、最初から負けてしまっている選手もけっこういるということになる。

❷失敗不安

ミスを怖がっている選手は、過去をプレイしているのである。当然のことだが、過ぎ去ってしまったことを変えるのは誰にもできない。唯一できるのは、過去の失敗から学ぶことだけだ。そうすれば、失敗を次の成功のチャンスに変えることができる。

すでに述べたように、われわれの集中力には限度がある。だからこそ、過去にも未来にもとらわれず、〝いま〟〝ここ〟という目の前のプレイに集中すべきなのである。仮にミスをしたとしても、切り替える手だてを持っていれば、失敗を引きずって次のプレイでもさらにミスを繰り返すという愚をおかすことはなくなる。

❸ 自分ではどうにもできないことまで何とかしたい

これもよくあることだが、たいていの人が天気や交通の状況、あるいは入りたいレストランの長蛇の列など、およそ自分ではどうにもならないことで心を乱している。

バレーボールの選手もよく似ていて、相手のプレイや監督の思い、あるいは結果といった、自分ではどうにもならないことでバタバタすることが多い。試合も同じで、相手チームのプレイをどうにかすることなどできはしない。選手にできるのは、目の前の自分のプレイに集中することでしかない。

重要なのは、自分がコントロールできることとできないことをしっかりと区別することである。選手も指導者も、自分たちがやれることとやれないことをはっきりと自覚していれば、やるべきことだけに集中するだけでよくなり、バレーボールはずっと簡単になる。表10-5（149ページ参照）には、このことがわかるようなチャートを掲載した。

❹ 勝ちを意識しすぎる

勝つためにプレイしようとするのは当たり前だが、それを意識しすぎて自滅している選手が多い。勝利はあくまでも一連のプロセスの結果でしかない。したがって、選手は試合に勝つという結果以上に、1つのプレイに集中すべきであるが、自分たちがいくら良くとも相手がそれ以上なら負けることもある。したがって、これもまた自分たちのコントロールの範囲を超えていることになる。

だからこそ指導者は、ただ相手に勝つだけではなく、どうしたら勝つことができるかを、選手が考えられるように教えなくてはならない。つまり選手は、自分のコートでやるべきことに集中すべきなのである。勝ちはコントロールできないが、これならできるだろう。

❺ 完璧主義の落とし穴

すべてを完璧にやろうとするのも、コントロールの範囲を超えている。そんなことは誰にもできない。選手は完璧を求めたがるものだが、指導者がそれを期待しすぎると、結局は選手を追いつめることになってしまう。また、完璧主義の選手はちょっとしたミスでやる気や自信をなくしやすい。

2 タフな考え方やセルフトークができるようになるための「気づきのトレーニング」

タフな考え方やセルフトークができるようになるには練習が必要である。

あなたのチームの選手は何ができて、何がうまくいかないのかを本当にわかっているだろうか。選手に表10-1をコピーして配り、記入させてほしい。

表10-1 ネガティブな考え方や言葉のリストアップ

試合の前後や最中に、あなたが考えているネガティブな考えを書きなさい	試合の前後や最中に、あなたが言っているネガティブな言葉を書きなさい
(1) (2) (3) (4)	(1) (2) (3) (4)
上で確認したネガティブな考えの代わりとなるポジティブな考えを書きなさい	**上で確認したネガティブな言葉の代わりとなるポジティブな言葉を書きなさい**
(1) (2) (3) (4)	(1) (2) (3) (4)

こうした簡単な自己分析もできないような選手はかなり問題である。メンタルスキルを向上させる以前に、まず自分への気づきの能力を高める必要がある。

何を考え、どう自分に話しかけるべきかをわかっている選手は、試合の前後や最中にネガティブになりそうな心をポジティブに切り替えることができる。ネガティブなことを考えたり、自分はダメだと思ったりすれば、ひどい結果が待っているのを知っているからである。ポジティブに考え、冷静さを保てる選手は当然うまくやれる。

もちろん、うまくいっているときにポジティブに考えるのは簡単だし、ダメなときに考え方もネガティブになるのも普通のことだ。しかし、メンタルタフネスというのは苦しいときでもタフに考えられるということなのである。簡単ではないが、練習すればできるようになる。

選手が試合の前や最中に、どんなネガティブな考え方やセルフトークをしているかがわかれば、それをポジティブなものに置き換えるように教えればよい。以下にポジティブなものに置き換えた例をいくつか挙げておいたので、参考にしてほしい。

- 例1……「私はこの一流チームでずっと活躍しており、自分でも良い選手だと思う」
- 例2……「私は過去にもビッグプレイでチームを勝利に導いてきた。だからこそいつも勝利を決める選手になりたいと思っている」
- 例3……「仮に私がミスをしたとしても、監督も仲間も私への信頼は揺らぐことがない」
- 例4……「誰にもミスはつきものだし、多少のミスはベストプレイヤーになるための肥やしのようなものだ。だから私はミスすることを恐れてはいない」

2 自信

自信とは、〝やればできる〟と思えることである。あらゆるスポーツの一流選手たちに共通しているのは、自分のパフォーマンスに絶対的な自信を持っていることである。彼らは自分の能力に疑いなど抱いたことはないし、コートに立てばいつでも最高のプレイができると信じている。しかし、うまくいったから自信が持てるというのではなく、自信があるからすばらしいプレイができると考えたほうがいい。つまり、自信の大きさがパフォーマンスの大きさを決めるのである。

自分の能力を信頼している選手は、心技体のすべての面で自分をまったく疑っていない。なぜなら彼らは、ビッグなプレイを要求される重要な場面ほど、うまくやれることがわかっているからである。

これとは逆に、ネガティブな考え方やセルフトークのせいで自分の能力を信頼できなくなると、不安が増し、筋肉は緊張し、硬くなる。さらに集中力も低下して、どうすればいいかわからなくなってしまう。こうなると何とかうまくいった状態にしようとして、やり方を変えたり無理なプレイをしようとしたりする。

自信はよく「逆U字」カーブで表現される。図10-1のように、自信のレベルが低ければパフォーマンスも低くなる。自信のレベルが高くなると、パフォーマンスもそれにつれて高くなっていく。

図 10-1　自信の逆 U 字型モデル

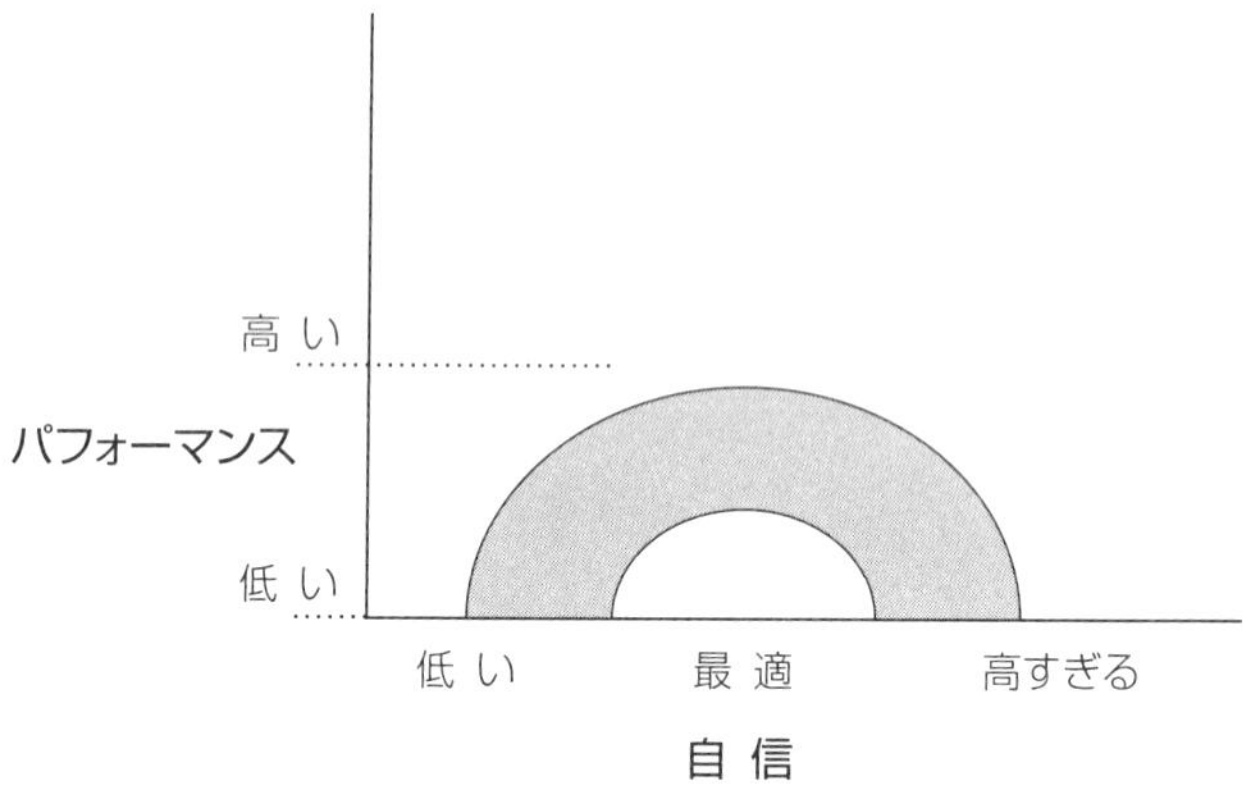

しかし、「自信過剰」のレベルにまでいってしまうと、再びパフォーマンスは低くなる。

こうした選手は、それまでに懸命に戦ったとか、「プロセスに集中していた」という良い点を忘れてしまい、思いあがってしまうのである。そのため、それまでに築きあげてきたものは失われ、小さなプライドに固執するようになる。こうなると自分がうまくいかないのをすべて監督や仲間のせいだと文句を言うようになり、悪循環に陥っていく。

これに対して、プレイの結果にかかわらず一貫して最適なレベルの自信を保てる選手は、結局、試合で活躍できるチャンスを自分に与えているのである。

1 アファーメーションを使ったセルフコーチング

自信を高める必要のある選手をサポートする場

合には、まず表10-2（140ページ）に自信をつける言葉を記入させるところから始めていただきたい。それをもとに、自分自身や自分の能力についてポジティブな態度や考え方ができていると思うことをリストアップさせる。ここで挙げてもらうリストは自分を奮い立たせるようなものであるべきで、これを使ってセルフコーチングができる。最終的には表10-3のような欄にセルフコーチングリストを書き込ませる。これはアファーメーションと呼ばれている。

以下にいくつかの事例を挙げておくことにする。

- 「私はプレッシャーが大きければ大きいほど、良いプレイができる。だから私はエースなのだ」
- 「ここぞというときに自分が決めて、試合に勝つ」
- 「ビッグゲームで試合をするのは最高だ」
- 「どんな状況でも、最高のプレイができる」

それではこのようなアファーメーションを、選手はどう活用したらよいのだろうか。選手がこのリストをうまく使いこなせるようになるいくつかのアイディアを以下に紹介する。

- 毎日プレイする前に、何度も何度も繰り返し唱えたいフレーズを2つか3つ選び出す。
- 選び出したフレーズを何度も紙に書き、さらに声に出して読むことで、そうすることが当然と思えてくる。
- ちょっとした合間にもそのフレーズを唱えられるように、小さなフォルダに入れて持ち歩く。

表 10-2　成功事例のリストアップ

成功事例	特に良かった点
(1)	(1)
(2)	(2)
(3)	(3)
(4)	(4)
(5)	(5)

表 10-3　セルフコーチングリスト

セルフコーチングのためのアファーメーション
*
*
*
*
*
*
*

- そのフレーズがいつでも目につくように、大きく書いて自分の部屋に貼っておき、目にしたら必ず声に出して読む。
- 書いた紙をスポーツバッグの中にも入れておき、ユニフォームに着替えるときにも読み返す。
- 好きな音楽と一緒にこのフレーズを携帯型音楽プレーヤーに録音し、練習や試合の前に聴く。

2 自信のきっかけとなるものを探す

プレイ中のちょっとしたことを利用して選手の自信を高めさせるというのは、非常に良い方法である。自信を持たせるきっかけになることはプレイの中にいくらでも見出せるはずなので、指導の際にもそれをおおいに活用していただきたい。たとえば試合前のミーティングで、良かったときのプレイをピックアップして見せるとか、「君たちは厳しい練習をこなしてきたので技術は完璧に仕上がっている」と励ましてやるといったように、選手が自信を高める材料はいくらでもある。

スポーツ心理学者であるロビン・ヴェリー（2002）は、自信のきっかけとなるものとして以下のことを挙げている。

- 過去の成功体験（ビデオで過去にうまくやれたプレイを見る）
- 他人の成功を自分に投影する（チームの仲間の良いプレイを見たり、いろいろなスポーツのトップ選手の活躍シーンを見たり読んだりすることで、自信とエネルギーを得る）

- オープンなコミュニケーション（選手がチームの中で自分の価値や存在を自覚できるような、オープンで率直なコミュニケーションが必要）
- ポジティブなしぐさや表情（心の動揺を見せない）
- 肉体的な準備（体力トレーニングとコンディショニングで肉体的な強さと体調管理に努める）
- 精神的な準備（精神面の重要性を理解し、ルーティーンを確立したり、さまざまな準備をしたりすることで心の戦いの勝者になる）
- 試合の場所や会場をイメージする（以前にその会場でやった試合で良いプレイをしたとか、雰囲気がとても良いといったことなどを見つけ出して、選手の気持ちをポジティブにし、やる気を出させる）
- 高度な熟練性（昨日よりも今日というように、たえず自分たちのプレイの熟練度を上げていく努力を重ねる）
- 質の高い練習（質の高い練習とただ体を動かしているだけの練習との違いを理解し、たえず練習の質を高める努力をする）

指導者が選手を教える際に、このような自信のきっかけになるものを使うこともあるだろう。また選手自身がそれをよく理解して、試合の前後で自信を高めるのに利用することもある。練習や試合で良いプレイができたり指導者や仲間からほめられたりすれば、選手の自信はどんどん大きくなっていく。選手が自信を高めていけるようなフィードバックを与えていけば、ちょうど〝自信〟という銀行口座に貯金していくように少しずつ自信は大きくなっていく。調子の良いときばかりでなく、たとえ悪いときでも自信を持ち続けるというのは大変なことであり、だからこそこうしたトレーニングが必要なのである。

3 感情コントロール

何をすれば良いプレイにつながるのかをよくわかっている選手は、大きなプレッシャーの場面でも、それを着実にやることで気持ちを最適レベルにもっていくことができる。彼らはそんなことがまったくわかっていない選手に比べれば、はるかに優位に立っていることになる。

プレッシャーに対処する能力や感情反応は「感情コントロール」と呼ばれている。感情コントロールは、良い練習や試合のために不可欠である。前にも少し述べたが、感情をそれほど高ぶらせないほうがリラックスできていいという選手もいれば、少し気合いが入るぐらいがいいという選手もいる。なかにはもっとハイテンションでなければダメだという選手もいるので、個々の最適レベルを知る必要がある。

1 感情の最適レベルを知る

自分に合った感情レベルになっていれば、その選手は自信に満ち、集中し、試合に対して良い準備ができる。したがって、どのレベルが一番自分に合っているのかを見定めるためには、うまくいっているのはどういうときかをチェックする。

そのためには、以下の3つの点に注意すればよい。

① 良いプレイをしているとき、肉体的にはどんな感じか（筋肉の緊張の度合い、呼吸の速さ、心拍数）。

② 良いプレイをしたとき、試合前にどんな行動をとっていただろうか。たとえば、1人で椅子に座って音楽を聴くという選手もいるだろうし、チームメイトとしゃべっているほうがいいという選手もいる。ロッカールームをあちこち動き回っているという選手だっているだろう。

③ 良いサーブを打てるときには、何を考えているだろうか。サーブを打つ前に不安があるときはどうだろうか。また絶対うまくいくと思っているときはどうだろうか。あるいは、結果や勝ちをいつも考えてプレイしているのか、それともワンプレイごとに集中しているのだろうか。

表10-4のドリルは、自分の最適な感情レベルを見つけるためのものである。すでに述べたように、最高レベルのときにベストパフォーマンスが出せる選手もいれば、中ぐらいのときや低いときのほうがいいという選手もいる。

そこで表10-4を使って、まずこれまでの試合の中から5つを選び出し、それぞれの試合前の気持ちのレベルを「1（全然ない）」から「10（最高にある）」の間で評価する。次に、各試合の後で試合を振り返って、その出来はどうだったかを同じく「1（最悪）」から「10（ヒーローインタビューを受けるぐらいの活躍）」までの間で評価する。こうして2つの評価を照らし合わせてみると、試合前の気

表10-4　最適な気持ちのレベルを見つける

試合前の気持ちのレベル	パフォーマンスの評価
Game1 = Game2 = Game3 = Game4 = Game5 =	Game1 = Game2 = Game3 = Game4 = Game5 =
あなたの気持ちのレベルはどうだったか	レベル=＿＿＿＿＿＿
そのときのフィーリングや行動について述べなさい	

持ちがどんなレベルのときに自分はどういうプレイをしていたのかということがわかってくるはずである。

2 感情の状態をチェックする

以下のチェックリストを使って、感情の状態がチェックできる。選手に、試合でよく経験したり起こったりする項目をチェックさせるとよい。

❶ 気合いの入れすぎ

【特　徴】

- 肉体面……□筋肉の緊張が強い　□呼吸が浅い　□発汗が多い　□吐き気がする　□手足が冷たい　□血圧と心拍数の上昇
- 行動面……□気ぜわしい　□肩が上がる　□縁起のかつぎすぎ　□イラ

イラしたしぐさ　□ぎこちない動き　□びびり

・メンタル面……□ネガティブな考え方とセルフトーク　□無分別な考え方

□狭く過剰な集中　□ミスを許せない　□感情をコントロールできない

・感情面……□失敗不安　□迷い　□他人の期待を裏切ることへの不安

【原因】

・自信の不足（ネガティブな考え方とセルフトーク）。

・勝ちや結果にばかり意識がいっているか、自分がヒーローになることばかりを考えている。

・親や指導者、あるいはチームメイトの期待が大きすぎたり、目標と現実との間にあまりにも大きなギャップがあったりする。

・不慣れな状況。たとえば交通事情などで試合に遅れそうになったり、新しい役割を与えられたり、システムが変更されたりした場合など。

・アクシデント。たとえば風邪をひいていたり、けがをしていたり、急にキャプテンがいなくなったりした場合など。

・本来、コントロールできないことまで自分で何とかしようとしたがる。たとえば、監督が自分のことをどう思っているかを心配して、プレイに集中できずにうまくいかない選手などがその典型である。

❷気持ちが乗らない

気持ちが乗らない状態で試合をすれば、ひどい結果になることは目に見えている。気持ちが乗らないと、エネルギーもやる気もなくなり、必要なポイントに集中できなくなる。

【特　徴】

- 肉体面……□だるさ　□心拍数の低下　□エネルギーの低さ
- 行動面……□プレイに鋭さがなくなる　□動きが緩慢になる　□パフォーマンスの低下
- メンタル面……□注意散漫　□ベストを尽くそうという気がなくなる
  □自分のプレイや相手に対する集中力が欠けてくる

【原　因】

- 休みやリカバリーの不足（試合、練習、学校、日常生活の中で）。
- 睡眠不足。
- 不摂生な食事。
- 水分補給の不足。
- 故障しているのに、適切な治療を受けない。
- ファイトがわいてこない（何度やっても勝っている相手との試合など）。
- 自信過剰（「自分たちの調子がどんなに悪くても負けるはずがない」など）。

自信過剰は、選手が「今日は適当にやっていても勝てそうだ」と思ったりすることで起こる。これはいつも結果ばかりを考えているチームによく見られる大きな問題のひとつである。これに対して、どんなときでも結果にではなくプロセスに集中しているチームは、相手がどうであれ、それまで以上のパフォーマンスを見せることが多い。

マイケル・ジョーダン、タイガー・ウッズ、ロジャー・クレメンスといったスーパースターたちに共通しているのは、その前の試合よりもいまやっている試合でもっと良いプレイをしたいという気持ちを常に持っていることである。

3 気合いの入りすぎをコントロールする方法

表10-5は、コントロールできることとできないことは何なのかを選手にわからせるためのエクササイズである。例にならって記入させていただきたい。大切な心のエネルギーと集中力を自分でコントロールできもしないことに奪われてしまうのは愚かである。そんなことをするから、次第に自信もなくなり、何とかしようとあがいてますますダメになっていく。

感情のレベルをコントロールできるということは、気持ちが乗らなかったりやる気が出なかったりするときにはレベルを上げ、逆に高すぎる場合には適正レベルにまで自分自身で下げられるということである。

選手の気持ちが高ぶりすぎている場合には、以下の方法を使って下げるようにする。

表10-5　コントロールできることとコントロールできないこと

コントロールできること	コントロールできないこと
例1：自分の練習への取り組み方 例2：もし何か不満に思うことがあった場合は、監督のところへ話をしに行く	例1：主審の判定 例2：試合や練習で監督の決めたこと
＊	＊
＊	＊
＊	＊
＊	＊
＊	＊
＊	＊

❶ 原因の把握

気合いが入りすぎたときに、体の感覚や考え方、あるいはプレイそのものにどんな影響が出るのかを選手に質問してみる。選手によってはネガティブなことばかりを考えて頭がパンパンになってしまう（メンタル）というのもあるだろう。また別の選手は過緊張で動きがぎこちなくなってしまう（フィジカル）という場合もある。いずれも、パフォーマンスに悪影響を及ぼすことは言うまでもない。

力んでうまくいくようなバレーボールの技術はない。もしもフィジカル面の問題で気合いが入りすぎているのなら、次に説明するフィジカル面からの解決法を、またメンタルが原因であれば後で述べるメンタル面からの解決法を処方し、選手が最適な感情レベルでプレイできるようにすべきである。もちろん原因が心身両面にあるという場合には、当然その解決も双方から行われるべきである。

❷フィジカル面からの対処

ストレッチングなどによる一連のウオーミングアップで、筋肉の緊張を解きほぐすとよい。筋肉を交互に緊張させたりリラックスさせたりする練習は、その両方の感覚の違いがわかるので効果的である。

たとえば自分のベッドに横になり、まず両手を強く握りしめ（緊張）、続いてゆっくりと指を開いていき、力を完全に抜く（リラックス）。これを何回か繰り返すと、緊張とリラックスの感覚がよくわかるようになり、自分で両者をコントロールできるようになる。このやり方は手だけではなく、体のどの部分でも、また全身でも行うことができる。普段からこうした練習をしていると、試合中でも自分で緊張レベルを自在にコントロールできるようになるので、毎日少しずつ続けさせるべきである。

一流選手たちは、足先から頭まで順番（足↓ふくらはぎ↓太もも↓腰↓お腹↓背中↓胸↓肩↓上腕↓前腕↓手をぐっと握って↓首↓顔面↓全身硬直）に緊張させていき、そして一気にスーッとリラックスさせていくというやり方を好んでやる。これは「漸進的リラクセーションテクニック」と呼ばれている。選手が緊張とリラックスのレベルを自在に使い分けることができるようになれば、試合でも同じようにできるようになり、感情コントロールも容易になる。

もう1つの方法は呼吸を使うことである。選手は不安になったり過緊張状態になったりすると、呼吸が浅く、速くなる。このような一種の酸欠状態になると、心臓循環器系も筋肉もうまく機能しなくなるので疲れやすくなり、プレイの質は低下する。

この場合、4秒かけて鼻から息を吸い、お腹をふくらませる。同じく4秒かけて息を吐き、吐く息に合わせて体の緊張をすべて出してしまうようにする。吸う息に合わせて体を緊張させ、吐く息に合わせてリラックスするというやり方も効果的である。


「私は、ここぞというショットの前には、必ずゆったりと深い呼吸をしてリラックスすることにしている」

――タイガー・ウッズ(2001、p.265)

❸ メンタル面からの対処

試合前に選手が不安を感じているようだったら、ネガティブな考え方やセルフトークを取り除くか、転換する必要がある。仲間と会話するようにしむけたり、音楽を聴いたりすることで雑念をシャットアウトさせるようにする。

そのためには、選手一人ひとりが自分のペースで試合前の準備ができるように、時間をとってやらなければならない。そうした時間をとらずにすべてを全体行動でしばってしまうと、選手の不安は増し、監督の指示も上の空で聞いてしまう。多くの監督は、こうした個人的な調整の時間として、だいたい30分程度の時間を試合前にとっている。

もう1つの処方箋としては、試合中、選手に「リラックス」という言葉かけをしないようにすることである。リラックスの方法をよくわかっていない選手にこうした言葉かけをするのは逆効果だからである。また、監督からこう言われると、選手は「えっ、監督には自分が緊張しているように見えているんだ」と思って、かえって不安になる。

選手のネガティブな考え方や不安な気持ちを軽くしてやるためには、その状況に対する見方を変えてやればよい。これは「リフレーミング」と呼ばれる技術である。つまり、「非常に厳しい状況に置かれている」と考えるかわりに、「これこそ自分を伸ばしてくれるチャレンジの場面なのだ」というように、ものごとのとらえ方を変えるのである。いったんネガティブにものごとをとらえてしまうと、すべてがマイナスの方向へ動いてしまうからである。

指導者は、苦しい状況から逃げるのではなく、チャレンジして勝利をもぎ取ろうとする心を選手に教えなければならない。「あの強いチームとやったって勝てるわけがない」という思いを、「あのチームを倒すことはどれだけやりがいのあることか」と考えられるようにしむけなくてはならないのである。

もちろん言うのは簡単で、やるのは難しいことは重々わかっているが、それでもこれはやらなければならない。具体的な方法としては、頻繁に出てくるネガティブな考え方やセルフトークを選手たちに紙に書かせ、さらにそれを1つずつポジティブなものに書き換えてみるという作業をさせるのである（135ページ表10-1参照）。これを数週間にわたって行えば、選手たちの考え方やセルフトークは格段に向上することになる。

❹ プレイの中での処方

指導者は、試合の中で起こり得るさまざまな状況を想定して練習することで、選手に状況への対応力を身につけさせるようにしなければならない。これは非常に重要なことで、思わぬアクシデントが起こっても対応できるほどの内容が含まれるべきである。

また指導者も選手も、ミスを冷静に受け止められるようにならなければならない。ミスのたびに監督から罵声が飛び、ファンや親からもブーイングやため息が聞こえるようになると、選手は悪い結果ばかりに心がとらわれ、萎縮してしまう。

勝つことや記録などの結果ばかりを求めない指導者のもとでは、選手は一つひとつのプレイをより良くすることだけに集中するようになる。すでに何度も述べているように、選手がやれる唯一のことは、他人ではなく自分のプレイに全力を尽くすことだけである。勝つことも自分のコントロールの範囲を超えたものであることを、しっかりと肝に銘じさせておかなければならない。

たとえチームがシーズン最高の出来だったとしても、ミスジャッジや1つのサーブミスで勝利を逃すことは往々にしてある。だからこそ日頃から選手には、チームが勝つためには何をすべきなのか、つまりどんなプロセスをたどっていけばいいのかを考えさせるようにしていただきたい。指導者がこのようにプロセスを大事にして教えていくと、選手も一つひとつのプレイに集中するようになっていく。

また、ひどいプレイをしたり、ポイントを失ったりしても、それを上手に切り替えるためには「うまくやれる振りをさせる」ことも必要である。たとえばミスを連続したり、ゲームポイントでのサーブレシーブのような大きなプレッシャーがかかった場面で冷静でいられるにこしたことはないが、なかなかそうはいかない。しかし、まずそこで冷静だという振りをすれば、実際に冷静さを取り戻すことができる。

これをジム・レイヤー博士は「外側から内面を変えるトレーニング」と呼んでいる。つまり、外側のしぐさや表情をポジティブなものに変えていくことで、内面的な考え方や感情もそのように変えようというのである。外側を変えるやり方として、最も簡単で効果的なのは〝笑う〟ことである。笑いは、われわれの体内に幸せとリラックスの感情を生み出す化学物質を行き渡らせてくれる。

逆に、「内面から外側を変えるトレーニング」もある（レイヤー、１９９４）。選手が自分の能力や成功のチャンスについてポジティブに考えることで、体にポジティブでエネルギッシュなメッセージが伝えられる。選手の内面が変わることによって、ジャンプ、スパイク、トス、反応時間、パワーなどは格段に良くなる。

本書で紹介しているさまざまなトレーニングプログラムには、「外側から内面を変えるトレーニング」と「内面から外側を変えるトレーニング」の両方が含まれている。

4 気持ちを高める方法

選手の気持ちを高める方法にもいろいろなものがある。

❶ フィジカル面からの対処

チームに気迫がないときには、試合前のウオーミングアップでいつもより激しい動きをさせるようにするとよい。

またシーズンオフの練習では、バレーボール以外の他のスポーツや体力トレーニングのプログラムをやらせるのも効果的である。前述した〝良くなるまではそのように振る舞わせる〟というやり方はここでも使える。たとえば何人かの選手が気迫あふれたしぐさをすれば、それはチーム全体にも波及していく。

❷ メンタル面からの対処

選手が好きなアップテンポの音楽を、練習や試合の前に聴かせるとよい。

また、ほとんどのスポーツの一流選手たちが使っているのが、イメージ（視覚化）のテクニックである。本書の中でもイメージについてたびたび取り扱っているのは、このテクニックが選手の自信、意欲、準備などを向上させるとともに、感情をコントロールする働きを持っているからである。特に選手がエネルギーにあふれたイメージや、過去にすばらしいプレイをしたときのイメージなどを使うと非常に効果的である。図10-2は、イメージトレーニングの一例である。

図 10-2 イメージトレーニング

ステップ1	くつろげる静かで誰にも邪魔されない場所に行ってください。
ステップ2	いろいろな場面（寝室、教室、犬と遊んでいる、など）を選んで、その色、音、におい、できれば感情までも含んだ豊かで鮮明なイメージを描いてください。
ステップ3	スポーツの場面を選んで、できるだけ鮮明にイメージしてください。
ステップ4	イメージしているシーンに具体的な人（チームメイト、ファン、両親など）を入れてイメージしてください。
ステップ5	ある特定のスポーツ場面をイメージします。過去（リプレイ）や、または未来の試合についてのイメージをできるだけ鮮明に思い描いてください。また、自分がその場面で成功している様子を感じてください。
ステップ6	ステップ1～5までのイメージがうまく描けるようになったら、次に過去に失敗した嫌な思い出もイメージし、それをイメージの中で修正することができるようにします。こうしたことができるようになると、同じ失敗を繰り返すことがなくなり、不安は減っていきます。すると再びそうした状況になったとしても、今度は自信をもって対処することができるようになります。
ステップ7	いま取り組んでいる技術やプレイなどについて、イメージを使って練習すれば、問題の解決が非常に容易になります。

イメージトレーニングには、プレイをイメージする場合でも特定の場面をイメージする場合でも、次のような2つの方法がある。

1つ目は、いわば〝心の眼〟で内側から見ているようにイメージするやり方である。たとえばトスを上げる場合に、実際にボールを扱っているように見たり感じたりする。いわば主観的なイメージである。こうしたイメージを思い描くことで、脳はあたかも実際にレシーブをしたり、スパイクを拾ったり、サーブを打ったりしているかのごとく筋肉に信号を送る。

2つ目は、ちょうど観客が自分たちを見ているようなイメージか、あるいはテレビやビデオで自分たちのプレイを見ているイメージである。つまり客観的なイメージということになる。いくつかの研究によれば、主観的イメージのほうが有効だとされているが、選手の自信、意欲、気合いのコントロールなどの向上には客観的なイメージも効果的である。

4　注意集中と試合での集中力のコントロール

感情面に問題があったり、肝心なときにうまく集中できない選手はどのチームにもいる。図10-3（ナイデファ、1976：1989）は集中のありようを表現したものである。

- 注意集中……プレイ中に最も大切な情報に集中できる能力
- 集中力……最も大切な技術ポイントに集中し続けるメンタルスキル

図 10-3　注意集中の構成要素

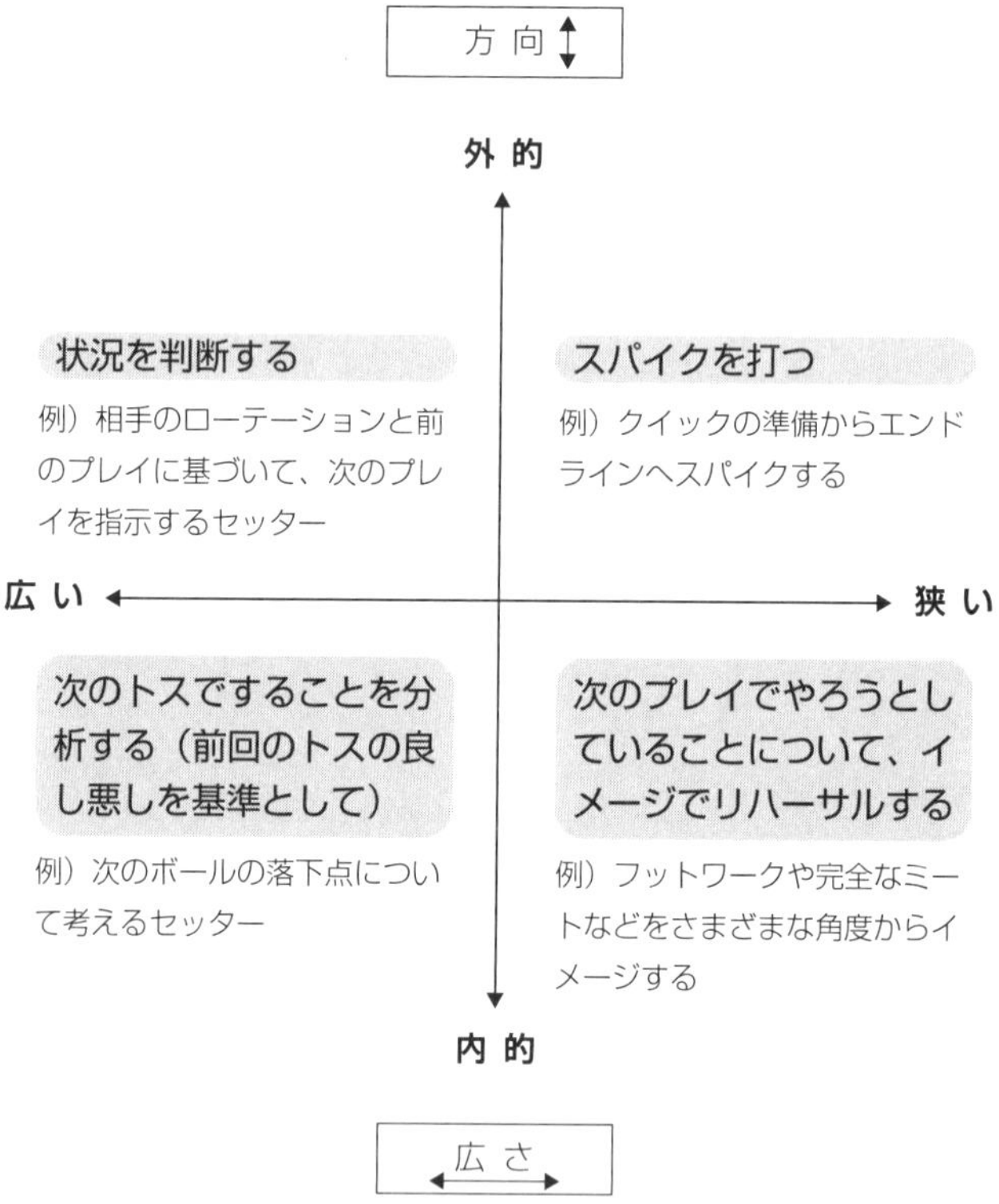
方 向
外 的
状況を判断する
例）相手のローテーションと前のプレイに基づいて、次のプレイを指示するセッター
スパイクを打つ
例）クイックの準備からエンドラインへスパイクする
広 い
狭 い
次のトスですることを分析する（前回のトスの良し悪しを基準として）
例）次のボールの落下点について考えるセッター
次のプレイでやろうとしていることについて、イメージでリハーサルする
例）フットワークや完全なミートなどをさまざまな角度からイメージする
内 的
広 さ

●広 い
外的＝大切な要素のすべてに注意する
内的＝戦術の決定に集中する

●狭 い
外的＝ポイントとなるいくつかの外的な要因に注意する
内的＝いくつかの内面の考えや要因に集中する

- 集中のスタイル……選手ごとに優位な集中のスタイル
- 集中の切り替え……状況に応じて集中の広さや方向性を適切に切り替える能力
- 集中の幅……集中を継続できる範囲
  ➡ 狭い＝非常に小さなポイントへの集中
  ➡ 広い＝いくつかの違ったポイントへの同時集中
- 集中の方向……内向きの集中か、外向きの集中か（これは同時にはできない）
  ➡ 内向きの集中＝考えやフィーリングに集中
  ➡ 外向きの集中＝周囲の状況、ディフェンスのカバー、相手のローテーションなど、外部情報への集中

心を解放するためには、選手は注意集中と集中力のコントロールの両方を身につけなくてはならない。別な言い方をすれば、プレッシャーがかかるような状況でも集中し、またその集中を自在に切り替えられるようになるということである。以下に述べるのは、そのための具体的な方法である。

第一に、第4章で紹介した攻撃と守りのメンタルスキルの質問（50～51ページ図4-1参照）を使って、集中力の強さや弱さを評価することから始める。こうして集中の幅（狭いか広いか）、方向（内向きか外向きか）、そして切り替えはどうかなどについて1つずつチェックしていく。

第二に、バレーボールのポジションごとに必要な集中についてチェックする（表10-6）（シュミット、ペッパー、ウィルソン、2001）。特定の状況でどんな集中をしなければいけないのかがわかると、

表 10-6　ポジションごとに必要な注意集中

試合の状況	必要とする注意集中			
	広い		狭い	
	内的	外的	内的	外的
例1）リベロが高すぎるパスを出した	前回、どのようにカバーしたのか？	トスとネット、さらに相手ブロックとの位置関係	ボールとのコンタクトに集中	すばやいトス回し
例2）サーブ	速いサーブで、なおかつ3番をねらう	レシーブの苦手な選手はどこか	サーブ前のルーティーン	スムーズなスイング

表 10-7　注意集中のタイプ別メリットとデメリット

注意集中のタイプ	メリット	デメリット 〜ミスの原因にもなり得る〜
広くて外向き	周囲の状況がよくわかる	気を散らす原因になる 例）観衆の声援など
広くて内向き	戦術のひらめき	考えすぎ 例）ためらい、心配
狭くて外向き	効果的なポイントに絞れる	狭すぎる＝決定的な状況でミスをする 例）選手やボールに気を取られすぎる
狭くて内向き	最も大切なポイントを1つに絞れる	びびり＝自分の内側にとらわれすぎ 例）考えすぎ＝マイナス思考

選手はピンポイントで集中できるようになる。これまでにも試合に対する指示を細かく出してきた指導者は、たいていこうした集中すべきポイントを教えている。ピンポイント集中ができると、選手の心の中からはネガティブな考え方やセルフトークが消えていき、安心して伸び伸びとプレイできるようになる。

第三に、バレーボールに共通している集中力の問題についてチェックすることは、技術的な練習の効率化にもつながる（表10-6、7）（ナイデファ、1976／ジーグラー、2002）。

第四に、選手はボールにコンタクトする前に、自分の考えや感情をコントロールしておく必要がある。同様に、やるべきこととやってはならないことがしっかりと判断できていなくてはならない。たとえば、あまりにも狭く内向きに集中しすぎると、本来、集中すべきポイントである相手スパイカーの位置やブロッカーの数などの外部情報ではなく、心の中の雑念にとらわれてしまうということが起こる。

第五に、選手の集中力に影響を及ぼす別の要素にも意識を向けておく必要がある。つまり、感情と集中力の関係を理解することが重要である。たとえば、緊張が強く、不安を抱いている選手は大切なポイントに集中できない。また外の刺激に集中が切り替わってしまうと、いろいろなものに振り回されて、何をやっていいのかがわからなくなってしまう。そうなれば自信がなくなり、不安や緊張が増し、必然的にプレイの質は低下することになる。このような場合には、ともかく自分の最も得意な集中のパターンにいったん立ち戻るべきである。特に不安や緊張は、集中の方向や幅を切り替えるのを

表 10-8　内的・外的な注意散漫

内的な注意散漫	外的な注意散漫
・プレイ以外のことに注意が向く ・1つのプレイから次のプレイまで注意集中を切り替えることができない ・過去のミスにこだわり、これからのプレイに対する不安に注意が向く ・結果に対しての不安 ・未来への不安 ・頭で考えすぎて、冷静な判断ができない ・周囲の期待に応えられないという不安 ・プレイ中のためらい（信用／信頼の欠如） ・「もしも……したら」という不安 ・不安定 ・利己的な考え	・メディアの報道 ・メディアからのインタビュー ・家族と友人が気になる ・観衆が気になる ・目に見えることで気が散る ・音が気になる ・観客の野次やブーイング ・監督やベンチの期待（勝たねばというプレッシャー） ・シード落ちしそうなチームの順位 ・強豪チームと試合する ・アウェイでプレイする ・ホームでプレイする ・相手に対する過去の実績

難しくする大きな要素だということを知っておいていただきたい。

第六に、内的集中と外的集中でもいろいろな問題が起こることも知っておく必要がある。表10-8は、それぞれの問題をリストアップしたものである（ヴォイト、2000b）。

パフォーマンスに影響を与える注意散漫が問題なのは、集中力を浪費させることにある。こうして本来、集中すべきプレイのポイント（身体的、技術、戦術的、心理的など）ではなく、まったく関係ないところへ意識が向いてしまえば、望んでいるプレイなどできようはずがない。

雑念に心が奪われてしまうと、心理的にはネガティブで否定的な考え方や不安が出てくるし、身体的には筋肉の過緊張、浅い呼吸、ぎこちない動きなどが見られるようになる。また感情的には怒りやイライラ、さらにはコントロールのきかない状態になってしまう。こうした反応は時間と努力を無駄にするばかりでなく、準備やプレイにも悪影響を及ぼし、試合を台無しにしてしまう。

集中に関するもう1つの問題は、注意集中が狭くなりすぎて、〝びびり〟を引き起こすことにある。選手がネガティブになり、不安や心配を抱くと、本来なすべきことがわからなくなり、本当にささいなことに意識が向いてしまう。そうなると、簡単なスパイクやサーブレシーブでもミスを連発するようになる。

図10-3、表10-6、7に示されているように、注意集中の各パターンはそれぞれ大切なものである。問題は、選手が状況に応じてそれらを使い分けられるかということである。

次のセクションでは、こうした注意集中の各パターンを、具体的にどうすれば準備とプレイのルーティーンに組み込むことができるかについて述べる。そうすることによって、これまで述べてきたさまざまなメンタルスキルを実際のプレイに生かせるようになる。

5　心と体の準備

実力を発揮するための大切な要素のひとつに、試合前に十分に準備しておくということがある。

トップレベルになれば、技術的にも肉体的にもほとんど大きな差はない。したがって、試合前に何を考え感じているかが勝敗を分けることになる。

試合前とプレイ中にルーティーンを活用することは、心と体の準備に有効である。すでに述べたように、この2つのルーティーンには、メンタル面では集中、ポジティブな考え方やセルフトークなどが、また行動面では歩き回ったりいつもの癖をしたりなどがあり、肉体面では適切な休養、食べ物、水分補給などがある。

1 プレルーティーンのつくり方

❶ プレイ中のプレルーティーン

ここでは、選手がタフに考えたり感じたり、あるいは適切な集中ができるようになるために、たとえばサーブやプレイ前に行う、自分なりのルーティーンのつくり方を提示したい。

注意集中のタイプについて説明した図10-3（158ページ参照）は、こうしたプレルーティーンの段階を示したものでもある。

以下に例として、セッターがサーブに対してどんなプレルーティーンをすればいいのかを挙げておこう。

まず、セッターが相手サーブに対してポジションに入るときには、彼の注意集中は相手ディフェンスのカバーリングや位置取りに向けられることになる（広く、外に向いた注意集中）。そして、次のプレイで自分は何をすべきであり、それをチームに伝えるための分析に入る（広く、内に向いた注意集中）。その次に、相手サーブに対して自分自身の準備に入る（狭く、内に向いた注意集中）。

このとき大切なことは、雑念をシャットアウトして、プレイのうえで最も大切なポイントに意識を絞り込むことである。相手がサーブを打った瞬間からすべてが自動的な動きとなり（狭く、外に向いた注意集中）、これまでに練習でやってきたことがそのまま実行されることになる。つまり、考えながらではなく、すべてがそのときどきの状況に自動的に対応するのである。

こうした準備のルーティーンをすることで、次のプレイのための精神的な構えができてくる。たとえばレシーブミスやひどいカバーをしてしまっても、すぐに切り替えられるようになる。つまり、一つひとつのプレイの〝いま〟〝ここ〟に集中できるようになるのである。

❷ 試合前のルーティーン

当然のことだが、試合のための準備はコートに入る前から始まっていなければならない。試合前に一定のルーティーンを踏んでいけば、試合の準備に必要なことに一つひとつ集中して、雑念が入る余地がなくなっていく。もしもまだ選手が、どんな手順で試合前のルーティーンをこなしていったらよいかがわからないようだったら、表10-9を使って、最高に良いプレイができたときと最悪だったときの心や体について細かくブレインストーミングさせ、チャートに記入させていただきたい。

ブレインストーミングによってチャートができたら、最高のプレイと最低のプレイでは何が違うのかを特定していく。そこから、良いプレイをするためには試合前にどんなことをし、また考えたらい

表 10-9　試合前の心身の状態を知るブレインストーミング・チャート

	最高のパフォーマンス	最低のパフォーマンス
身体的フィーリング		
感情的フィーリング		
何を考えていたか		
どんな行動をしたか		
セルフトークでは何を言っていたか		
雑念をどのように扱ったか その雑念は何だったか		

表 10-10　試合前にやったことの内容

実際に役立ったことは何か	実際にプレイをダメにしたことは何か
*	*
*	*
*	*
*	*
*	*
*	*

いのかをリストアップし、それに優先順位をつけ、その結果を表10-10に書き込むようにする。

ここまでできたら、今度は以下のことを踏まえて、選手に試合前のルーティーンを決めさせていく。

- 体のフィーリングを良くするには、何が必要なのか。
- 感情的にはどうか。
- どんな考え方をすればいいのか。
- どんな行動をとればいいのか。
- どんなセルフトークをしているのか。
- 集中する最も良い方法は何かなどである。

試合前のプレルーティーンは試合の何時間前かによって異なってくるので、以下のように細かく決めおいたほうがよい。

- 試合前48時間
- 試合前24時間
- 試合当日の朝
- 試合の2時間前
- 最初のサーブの直前

2 試合中の切り替えのルーティーン

試合中でも、うまくプレイできていないと感じたら、切り替えのルーティーンを使って自分を取り戻せるようにするとよい。もちろんこの切り替えのルーティーンは、特に前の試合でミスが続いて気持ちが縮んでいるようなときにも有効である。

こうしたルーティーンには以下のようなものがある。

- こぶしを握りしめたり開いたり、両手をたたいたり、片方の手にパンチを入れたり、短い言葉で自分を励ましたりといったちょっとした動作で、イライラした気持ちや過去の失敗などを振り払ってしまう。
- 「準備はばっちりだ」「ミスは誰にだってある」、あるいは「やるべきことをやればいいんだ」などのような、気持ちを切り替えるための言葉をあらかじめ決めておくと、次のプレイに集中しやすくなり、過去の失敗を気にしなくなる。
- たとえば窓をふくような動作をしてミスを心の中からふき取ってしまい、気持ちを切り替える。
- たとえば「このサーブレシーブはていねいにいこうぜ」「相手のポジショニングを瞬時に判断できる」、あるいは「ステップをすばやく、小さな動きで」といったような、次のプレイをうまくやるポイントを声に出して言う。
- 冷静さを取り戻すために、ゆっくりと深く呼吸しながら、自分を励ますセルフトークを言う。次のプレイでやるべきことだけに集中すれば、雑念から身を守ることができる。

もちろんこうした切り替えのためのルーティーンは、選手一人ひとりだけでなくチームとしても積極的に使うようにすると、チーム全体のリズムや試合の流れを引き戻すのに役立つ。チーム全体でのルーティーンには、プレイの直後にみんなで集まって声をかけ合う、ハイタッチをするなどがある。流れが良くなるようにチームのボタンを押すのである。

切り替えのボタンは決して1つではない。ハイタッチもあれば、監督から檄を飛ばしてほしいという場合もある。また、立ち直りのためのきっかけとなる指示を出してほしいという場合もあるかもしれない。チームの中でお互いが切り替えのボタンをわかっていれば、状況に応じてそれを使うことで試合の流れを変えることができる。

セッターは状況に応じて最適な集中モードを使い分けられなくてはならない

6 情熱

最後の問題は、情熱である。情熱は、選手がなぜバレーボールをし、プレイをしていて何がうれしいのかということにかかっている。もちろん、それぞれの選手にいろいろな理由があるだろう。しかし、あなたは選手たちがどんな思いでバレーボールをやっているのかを本当に知っているだろうか。また、彼らにあなたのこれまでの経験からどんなことを言ってあげられているだろうか。前にも述べたが、指導者がやりたいことと選手がやりたいことは違うということが往々にしてある。

選手は自分のモチベーションで動いている。つまり、ある選手は仲間と一緒にバレーボールをやりたいだけなのかもしれないし、また別の選手はどうしてもタイトルや賞を取りたいと思っているかもしれない。いずれにしても、選手がバレーボールで本当にやりたいことを自覚していないと、ちょっとしたことでつぶれてしまう。

「情熱こそが鍵だ。見るがいい。それこそが毎日の活力だということを」

——フビー・ブラウン、元メンフィス・グリズリーズヘッドの監督

（ロサンゼルス・タイムズ、2004年11月27日）

「バレーボールをしている最も大きなモチベーションは何で、将来どうなりたいのか」と選手に聞いてみればいい。そうしてはじめて、選手の内側に潜む本当のモチベーションがわかる。また、自分の本当のモチベーションがわからないような選手では、実力を最高に発揮することなどできない。な

ぜなら、情熱はバレーボールのすべての面にわたる強烈なエネルギーだからである。

「試合に勝つためには、あらゆることを犠牲にしようと思わない選手がいる。ここは厳しい戦いの場で、何でも簡単に手に入るスーパーマーケットではないのに」

――ロン・ウィルソン、サンノゼ・シャークス監督

（ロサンゼルス・タイムズ、2003年10月31日）

第11章 練習の質を上げる

1 練習の質を上げるために選手と指導者が一緒になすべきこと

自分の技術を向上させるのに、練習は欠かすことができない。だからこそ、指導者は練習の効率を上げたいといつも考えている。体力トレーニングや技術練習、フォーメーションプレイ、メンタルトレーニング、また試合に対してトータルな準備ができるようなシミュレーションゲームなど、練習にはあらゆることが含まれている。

練習の質が、最高のパフォーマンスを発揮するための重要な要因のひとつであることは明らかである。しかし残念なことに、指導者も選手も、どうすれば質の高い練習ができるのかがよくわかっていないことが多い。ここでは、個人とチームの練習の質を向上させるために、指導者と選手が一緒になってやるべきことについて説明していくことにしたい。

運動学習論、教育学、スポーツ心理学といった多方面の研究から、個人やチームの練習の質を高めるには次の4つの点を考慮しなければならないことが明らかになっている。その4つとは、練習に対する「心構え」「準備」「方法」、そして「事後評価」である。

「私はいつも試合とまったく同じ気持ちで練習している。なぜなら、使い分けなんてできないからだ。練習で手を抜いておいて試合でうまくやるなんてことは、私にはとうていできはしない」

――マイケル・ジョーダン（ウィリアムズ、1997、p.197）

1 練習に対する心構え

選手が自分の能力の限界ぎりぎりで練習することは、練習の質を向上させるための心構えとして非常に重要である。

アメリカン・フットボールの全米選手権で何度も優勝した南カリフォルニア大学のピート・キャロルは、ある講習会の席上で「選手の心構え次第で、結果に大変な差が出てしまう」と語っている。良い選手とそうでない選手の違いは、「練習に対する心構えの差だ」と言うのである。

練習は自分を向上させることができる絶好の機会だと考えている選手もいれば、やらされていると思っている選手もいる。この差はあまりにも大きい（ヴォイト、2002）。

練習への取り組みが甘い選手は、練習内容によって、努力したりしなかったりする。こうした選手は、与えられたドリルをこなしたら少しでも早く体育館から出たいと思っている。

これに対して、プロフェッショナルな心構えを持っている選手は、練習こそが自分を伸ばす絶好の機会だと考えており、やらされているという意識はまったくない。こういう選手は「今日はどの部分を良くしていこうか」「今日は何をやり遂げようか」と自分にたえず問いかける。彼らは各練習に対して自分なりの目標を持っており、練習が終わるたびにきちんとした評価やフィードバックをしている。一流選手は、あらかじめ決めた練習のノルマをきちんと守ることで、自分のプレイに対する責任をしっかり果たそうとする。

選手としてのもう1つ重要なポイントは、指導を受け入れる構えができているかということがある。コーチのアドバイスをよく聞き、それを実際のプレイに取り入れようと努力したり、コーチからのさまざまなフィードバック（修正、叱咤、激励など）を積極的に取り入れたりしようとする素直さが選手には必要である。

「私は、選手に責任感を持たせるということをとても大切にしている。選手には成長してもらいたいし、責任がとれる人間になってほしい。彼らには能力と熱意とやる気が成功の秘訣だということをわかってほしいものだ」

――ダグ・ビール、米国バレーボールナショナルチームのヘッドコーチ

（バレーボール・コーチングバイブル、2002、p.47）

練習の質と密接に関連してくるのが、選手の意欲とエネルギーである。優れた心構えを持っている選手は、前の日のプレイよりも今日のプレイをもっと良くしたいという気持ちを強く持っている。だから、練習のあらゆる面で意欲的に取り組み、着実に成果を上げていくことができる。

プロ意識の高い選手ほど、技術を磨く場として練習を大切にしている

これに対して三流の選手は、そもそも外側（報酬、試合の大きさ、観衆、賞、マスコミなど）からの動機づけで動いているので、そうしたものがない練習ではやる気を燃えあがらせることができない。彼らは試合になったら一生懸命にやろうとはするが、練習では全力を尽くす必要はないと思っている。試合と練習をスイッチで上手に切り替えられるとでも思っているのだろう。こんな意識の低い

選手でもなまじ才能があると、ときにはうまくいくことだってあるだろう。しかし、一貫して質の高い練習を続けられないので、長い目で見るとほとんど進歩もしないし、安定してプレイすることもできないのである。

2 練習の準備

本当にきちんと準備して練習に臨んでいる選手がどのくらいいるだろうか。直前にハンバーガーを食べてみたり、ロッカールームでふざけ合ったりしていないだろうか。あるいは着替えてコートに出てもコーチから言われるまで何もせず、ただ待っていたりしていないだろうか。これは三流の選手のやることとである。これに対して一流選手は、練習前にどんな準備をすればいいのかを真剣に考えている。彼らの練習前の食べ物や休みの取り方などはきちんとルーティーン化されているし、バレーボールとは関係のない煩わしいことはきちんと整理して、心身ともに質の高い練習ができるようにしてからコートに入る。

このようにバレーボールとは関係のない雑多なことをコートに持ち込まないというのは、とても大切である。よけいなストレスをコートに持ってきてしまうと、集中して練習するのが難しくなるからである。一流選手は、こうしたことにもきちんとした対処法を持っている。たとえば、ある選手は気になることを紙に書き出しておいて、体育館に入る前にそれを破り捨ててからコートに立つことを習慣にしている。このように心の中のモヤモヤを頭の中で処理するのではなく、紙に書いて破って捨てるという実際の行動をすることが効果的なのである。つまりこれは、バレーボールに100%集中するための、いわば儀式のようなものである。

「頭でわかっていることと実際の行動との間にはギャップがある。自分にとって必要なことをすべてやる選手もいれば、たまにしかやらない選手も、さらにはまったくやらない選手だっている。何もやらない選手は何もわからないまま終わってしまう。準備がすべての鍵を握っている」

——ハーヴ・ドルフマン、メジャーリーグのメンタルコーチ（2003、p.309）

練習前のルーティーンを教えたり、いろいろ工夫したウオーミングアップをやらせることで、選手は練習に対してきちんと準備するようになる。こうしたことができていくと、コートに入った瞬間にさっと練習を開始できる。

また、開幕直前の練習マッチまでに何を達成しておきたいとか、このブロックドリルでは身につけるのは何かといったように、練習前に毎週の達成目標や個人の目標をきちんと確認しておくことは重要である。体力トレーニングでも技術的な練習でも、練習の目標やドリルをきちんと設定しておけば、選手は何をすればいいかという具体的なイメージを持つことができる。

一流選手がよく行っているもう1つ有効な準備は、自分が練習している大切なポイントについて、前の晩や練習前に何度もイメージトレーニングすることである。たとえばセッターなら、寝る前にイメージを使ってトスを１００回上げたり、練習前に50回上げてみる。またスパイクの場合には、打つ方向や角度、ブロックに対してどうするかなどをすべてイメージでトレーニングするべきである。これはどのポジションのプレイヤーにも言えることで、いわば選手としての毎日の日課だと思ってもらいたい。

このようにプレイを視覚化することによって、コート上での練習で使える「心の設計図」ができあがっていく。もちろん、イメージトレーニングだけでは不十分で、イメージトレーニングとコートでの練習の両方をできるだけたくさんやるのが効果的であることは言うまでもない。

③ 練習の質——質の高い練習とは

うまくならない選手は、指導者からしかられたり指示されたりしないと、ただ漠然と体を動かしているだけの練習をしがちである。これに対して良い選手は、どんな練習に対してもきちんとした目標を持っており、練習を上達するための絶好のチャンスだと考えている。そのため彼らは、自分の練習の質を上げるためにいろいろ工夫している。

良い選手たちが行っている質の高い練習の例を以下に挙げておいた。

- チームミーティングの最中や練習の後に、自分が気づいたことやコーチから技術や戦術について指示されたことをメモする。

- 練習中、1つのプレイや練習全体に対しても、何がうまくいき、また何がうまくいかないのかということをきちんと評価する。
- 練習の質を上げるために、心の中にたえず競争心を持つようにする。ダッシュをするにしても、「今日はあいつにだけは負けないぞ」というように心を燃やすのである。あるいは技術的な練習であれば、ただノルマ回数をこなすのではなく、何回うまくできたかを数えるようにしている。
- 練習中に集中力を失いそうになったら、あらかじめ決めておいた自分なりのルーティーンを使って立て直すことができる。

一流選手ほど、日々、一貫して質の高い練習に打ち込む

- 選手はなぜドリルをやり、その結果どうなるのか。あるいは練習中に何に集中すべきなのかということをよく理解しておく必要がある。また、指導者もこの点について練習前に選手によく確認しておく必要がある。
- 「今日も良い練習ができた」「今日の目標をやり遂げた」と言えるように練習をする。

4 クオリティーコントロール

クオリティーコントロールというのは、指導や練習がどれほど効果を上げているかをチェックすることである。

選手たちは練習が終わってから、自分たちの練習をきちんと反省しているだろうか。良い選手たちは以下のように反省している。

- 今日の練習はどうだったか（体力トレーニング、技術練習、戦術練習）。
- 今日の目標はどれだけ達成できたか。
- 今日良かったところはどこで、ダメだったところはどこだったか。
- 次の練習では今日と違うことで何をしたらいいか。
- 次の練習の準備は何をしたらいいか。
- 今日の練習を意欲十分な状態でできたのは、どうしてか。
- 今日の練習ではどうやって集中することができたのか。また、集中力を失いそうになったときにはどうやって取り戻すことができたのか。
- コーチや監督から今日の練習について何を言われたか。

日々の目標やノルマを使うことで、選手の進歩を評価できる。また、選手のほうも自分で決めた目標が達成できたのなら、より高い目標にシフトして、それを達成できるように努力するべきである。もしその日に達成できなかったら、良かった点、悪かった点を反省し、次の日にやり遂げるにはどうしたらいいのか、あるいは目標を修正したほうがいいのかなどを考えるようにする。

表11-1（182～183ページ）は、いろいろなスポーツの一流選手たちが練習の質を向上させるために使っている方法を調査してつくられたトレーニングチェック表である。この表を使うことで、各選手やチーム全体で話し合いを持つためのさまざまなフィードバックを得ることができる。もちろん、このチェック表は選手をしかったりとがめたりするためのものではなく、少しでも良いプレイをしてもらうためのものである。だからこそ選手は、練習のありのままを正直に答えるように心がける。指導者も、たとえば点数の低い選手がいてもそれですぐにしかるというように、このチェック表を使っていただきたくない。

また、このチェックは選手自身がやっても十分に役立つフィードバックが得られるが、指導者と一緒にやればさらに正確なものとなる。

表11-1　練習の質をチェックする

それぞれの記述を読み、以下の0から5までのうち、自分にあてはまるものに○をつけなさい。記入する際には、通常の練習を基準にすること（これまでに一度もしたことがない＝0　めったにしない＝1　ときどきする＝2　しばしばする＝3　よくする＝4　いつもする＝5）。

1. 練習を楽しみにしている	0 1 2 3 4 5
2. 練習は、あれこれ考えずに体を動かしていればいいと思っている	0 1 2 3 4 5
3. 練習は、自分の力を伸ばす絶好の機会だと考えている	0 1 2 3 4 5
4. 練習の前に、今日も自分の力を伸ばそうと思って練習に臨んでいる	0 1 2 3 4 5
5. 練習は、コーチにやらされているものだと感じている	0 1 2 3 4 5
6. 早く練習が終わらないかと思っている	0 1 2 3 4 5
7. 練習を始める前に、どうやったらうまくいくか考えてから始めるようにしている	0 1 2 3 4 5
8. 疲れていたり、つらいなと思ったりしても、ベストを尽くして練習できる	0 1 2 3 4 5
9. 良い練習をするために、練習前に決まったルーティーンを行っている	0 1 2 3 4 5
10. 練習で十分な力が出せるように、質の良い食事と適切な水分補給を心がけている	0 1 2 3 4 5
11. 試合期の練習で、どのようなことをするかをコーチングスタッフから説明されている	0 1 2 3 4 5
12. 練習目標を絞り込むために、練習や試合のビデオを見る	0 1 2 3 4 5
13. 練習目標を絞り込むために、コーチにアドバイスしてくれるように頼む	0 1 2 3 4 5
14. 練習前に、心と体の準備を行っている	0 1 2 3 4 5
15. バレーボール以外のこと（学校、家族）を、練習中はシャットアウトできる	0 1 2 3 4 5
16. 準備やモチベーションを高める必要があると感じたときには、リラクセーションや気持ちを高める方法を練習前に行う	0 1 2 3 4 5
17. チームのミーティングやビデオを見るとき、ノートをとっている	0 1 2 3 4 5
18. 練習の良かったところや悪かったところ、向上した点などについて評価している	0 1 2 3 4 5
19. 練習に全力で取り組んでいる	0 1 2 3 4 5
20. 練習中に、地に足が着いていないと気づいたら、集中し直す技術を使う	0 1 2 3 4 5
21. 体力トレーニングのときに、チームメイトや以前の自分をいつも越えようと努力している	0 1 2 3 4 5

22. チームメイトが良い練習ができるように、たえず彼らに声をかけたり自分でやってみせたりして引っ張っている	0 1 2 3 4 5
23. 練習中、自分の競技能力を向上させるために、たとえばうまくやれた回数を数えるといったチャレンジングゲームを自分に課している	0 1 2 3 4 5
24. チームメイトや監督からのアドバイスの飲み込みが早い	0 1 2 3 4 5
25. 練習後、今日は何がうまくいき、うまくいかなかったかを反省する	0 1 2 3 4 5
26. 練習後、コーチに自分の練習の出来についてアドバイスを求める	0 1 2 3 4 5
27. その日の練習は、その日にしかできないと考えている	0 1 2 3 4 5
28. 練習を終えたら、次の練習計画を立てる	0 1 2 3 4 5
29. 練習がいったん終わっても、さらにやっておかなければいけないことがあると思えば、練習時間を延ばしてもやり終えてから帰るようにしている	0 1 2 3 4 5
30. 練習の後で、その日のメンタル面について反省する	0 1 2 3 4 5
31. 自分のプレイの精神的な面を改善する方法について考えている	0 1 2 3 4 5
32. 練習の後で、その日の練習がどんな感じだったか、どこがうまくいって次にはどうすべきかなどについて、コーチに報告している	0 1 2 3 4 5

■集計の仕方

・質問 1、3、4、7～32 は選んだ番号が得点となる。
・質問 2、5、6 では配点が逆になり、0=5、1=4、2=3、3=2、4=1、5=0 として計算する。
・以下に示した 4 つの質（態度、心構え、プレイ、コントロール）それぞれの合計点を出す（それぞれ 0～40 点の範囲となる）。
・高得点であれば、良い練習をしているということである。
〈4 つの質〉
1＝態度の質：質問 1～8、2＝心構えの質：質問 9～16、3＝プレイの質：質問 17～24、4＝コントロールの質：質問 25～32

■評価基準

・33～40 点→チーム全員がこのレベルなら申し分ない。
・25～32 点→とても良い練習ができている。いつも必要なことはやれている。
・17～24 点→全体としてまずまずの練習である。しかし、いくつかの点で注意する必要がある。
・9～16 点→形ばかりの練習である。ほとんど必要なことがやれていないので、おおいに改善の余地がある。
・0～8 点→練習していないに等しい。一度としてまともに練習していないと言ってよい。

態度の質＿＿＿＿＿＿点　　心構えの質＿＿＿＿＿＿点

プレイの質＿＿＿＿＿＿点　　コントロールの質＿＿＿＿＿＿点

2　練習の質を上げるために指導者としてなすべきこと

1 指導者の心構え

指導者は自分のコーチング哲学や行動について、またそれが選手にどのような影響を与えるかをよく理解しておかなくてはならない。

リーダーシップに関するさまざまな本にも書かれているように、選手たちは指導者の言動に大きな関心を持っている。

たとえばある選手が指導者の言葉や振る舞いが自分に合わないと感じたとしたら不満を持つようになり、プレイにも悪い影響が出てくる。選手が指導者はこうあってほしいと思っていることと指導者の実際の言動とに食い違いがあれば、せっかく教えても理解できず、ますますうまくいかなくなっていく。これに対して、自分の言動を選手がどう感じているかをよくわかっている指導者の場合には、選手の満足度も高く、良い結果も出やすい。つまり、選手たちのスポーツ体験の質は、指導者の信念や態度で決まってしまうと言ってもいいほどなのである。

「卓越した指導者になりたければ、あなたがチームに対してすることや言うことがどれほど影響力を持っているかをよく理解する必要がある」

——ピート・ウェイト、ウィスコンシン大学バレーボール監督
（バレーボール・コーチングバイブル、2002、p.304）

指導者の心構えとしてもう1つ重要なことは、スポーツの持つメンタルな面についてもっと関心を持つということである。多くの指導者が「チームや選手の成功や失敗の原因はメンタル面だ」と口にはするが、実際にメンタル面を指導できている指導者はまだまだ少ない。すでに第10章でも述べたが、メンタルトレーニングを毎日の練習の中に取り入れれば指導の効果も上がるし、練習の質も向上し、ひいてはそれが試合でも生かされるということをわかっていただきたい。

もちろん、選手のパフォーマンスを心の面から全面的に引き出そうとしている指導者もたくさんいる。たとえば、アリゾナ州立大学のアメリカン・フットボールチームの元監督だったブルース・スナイダーは、選手たちに学校、家族、友人、およびその他のもろもろの問題をロッカールームに持ち込まないよう指導している。そうしたフットボールに関係ないことは、すべて車の中か自分の部屋へ置いてくるよう一連のルーティーンをつくり、それを守らせた。こうすることで選手はひとたびロッカールームに入ったら、完全にフットボール選手になりきり、プレイに集中できたのである。

2 指導者としての準備

選手に良い準備をさせるための最初のステップは、選手が次の練習のノルマや目標を考えられるよ

うにあらかじめ知らせてやることである。そうしておけば、選手はどうやってそれを達成しようかと考えるようになり、やる気と積極性が出てくる。こうすれば、練習について何も知らされていない選手よりもはるかに練習への準備がきちんとできる。また言葉で説明したり、映像を見せたり、あるいはやって見せたりといった伝え方の工夫をすれば、指導の効果はさらに上がる。

良い練習の準備をさせるための2番目は、集中力の高め方、あるいは雑念がわいてきたときにどうやって集中し直すことができるかを選手に教えることである。これについてはまず、バレーボール以外のことを練習に持ち込まないように、体育館に入るまでの一連のルーティーンを選手が持てるように指導する必要がある。仮想の境界線やトンネルを設けたりして、選手がその線を越えたりトンネルをくぐると、バレーボール以外のことはすべて忘れて練習に没頭できると教えるコーチもいる。

もう1つ、練習中に集中力を失いそうになったときに、自分を取り戻せるようなルーティーンも選手につくらせておくべきである。ネブラスカ大学のアメリカン・フットボールチームの監督は、メンタルコーチであるケン・ラビザ（オズボーンとラビザ、1988）に協力してもらい、集中力を取り戻すためのルーティーンづくりを行った。このルーティーンは「3つのR」と呼ばれている。つまり、「準備（Ready）」「反応（Respond）」「再集中（Refocus）」である。これを実際に試してみると、非常に効果があった。

「選手のやる気を燃え立たせることができる優れた指導者は、どうすれば選手が興味・関心を持ち続けられるかを熟知している。そうしたことは、練習を見ればすぐにわかる」
——ハーヴ・ドルフマン、メジャーリーグのメンタルコーチ（2003、p. 168）

指導者にとってもう1つ重要なことは、練習の内容を緻密に組み立てることである。運動学習に関する研究によれば、運動を習得するには次の3つの原則に従って練習の内容を整える必要があるという。その3つとは、練習の「漸進性」「可変性」、そして「状況対応力」である。新しい技術に挑戦したり、既習の技術に修正を加えたりする場合には、シンプルなものから複雑なものへと慎重に進められなくてはならない。つまり、試合の中で状況がいろいろに変化しても、身につけた技術を駆使できるような対応力のある練習が必要ということである。

1つの技術をとってみても、状況に応じてタイミングやスピードをいろいろ変えて使えるようでなければならない。そのためにも技術は、たとえば25対25とか、試合を決める最後のポイントといった緊迫した場面を想定した練習の中で磨かれる必要がある。指導者がこうしたプレッシャーを選手にかけ、タフな試合を想定した形で練習させられないようでは勝利など望むべくもない（192ページ❷参照）。

メジャーリーグのメンタルコーチとしても有名なケン・ラビザは、指導者自身が日頃からプレッシャーのかかった状況での言葉かけや話し方を訓練しておく必要があると言っている。もちろん選手は、プレッシャーがかかった状況でもその指示を理解し、プレイに反映できるように練習を積まなくてはならない。そのためにもシミュレーションゲームの中でさまざまに状況を変化させ、それに対応できるように選手を指導することは非常に大切である。

指導の漸進性、練習の可変性、および状況対応力などについて熟知し、選手の練習に影響力を持っている指導者は、彼らの上達を継続的にサポートすることができる。

3 練習の質を高める方法

すでに述べたようにシミュレーションゲームは、選手が試合で力を発揮するために非常に重要である。その中で選手は、実際の試合で経験することになるプレイのスピードやプレッシャー、あるいはさまざまな足を引っ張る要素などをすべて体験できる。

ノースカロライナ大学の女子サッカーの監督であるアンソン・ドランスは、シミュレーションゲームばかりでなく、さらに選手同士がチームの中で競い合う状況も意図的につくっている。たとえば、体力テストやマンツーマン、ミニゲーム、スキルチェックなどをやりながら、チーム内での競争心をあおって切磋琢磨させるのである。こうしたこともあって、彼のチームの選手たちは「練習よりも本番のほうが力が出る」と公言してはばからない（ドランス、1996）。

❶「教えるのに適したタイミング」

練習の質を高めるもう1つの方法は、「教えるのに適したタイミング」をうまく使うことである。

さまざまな研究からも、適切なフィードバックが学びにとって重要であることが指摘されている。「教えるのに適したタイミング」とは、「教える、指示する、励ます、ほめる、しかるといった一連の指導が最も効果を生むとき」という意味である。指導者にとってはこのタイミングをうまくつかむことが重要であると同時に、そこで何をするかが問題になってくる。

選手のプレイを見て即座に違いを指摘できるようになるには、指導者としての経験や研鑽が必要になる。選手が技術や戦術面でうまくやれたときが、いわゆる理想的な「教えるのに適したタイミング」ということになる。ミスを修正するための指示も確かに必要である。しかし、選手はうまくやれたことをほめられるほうを好む。うまくやってほめられる。ほめられれば気持ちよくなる。気持ちよくやるともっとうまくいく。そして、またほめられるという好循環こそが必要である。

以下は、「教えるのに適したタイミング」を効果的にやる方法である（フィッシュマンとオクセンダイン、1998）。さらに第12章でも詳しく説明しているので、そちらも参照していただきたい。

- 正しい技術が使われているいくつかのプレイパターンを比較するために、多面的な観察を行うこと。
- 欠点のチェックは一度に1つにする。うまくいかなかった最大の原因を1つに絞って具体的に特定する
- ミスの原因を明確にしたら、それをどのように修正していくかを選手に伝える。しかし、欠点を性急に修正しようとしてもすぐにはうまくいかない場合があることを、指導者は心に留めておかなくてはならない。それを知らずに修正に失敗すると、選手と指導者との間に不信感が生まれる原因となる。

- 必要に応じてプレイを止め、うまくプレイできるように選手をほめたり励ましたりする。ただし、これもやみくもにやればよいというものではない。あくまで必要に応じてということである。ほめることは大切だが、何でもないこともほめていると、かえって選手からの信頼を失うことになり、彼らの意識も低下する。

指導者からの指示は、欠点の修正、結果やパフォーマンスの伝達、技術ポイントの指摘、叱咤激励といった、プレイに必要な情報を伝えるためのものである。さらに選手をやる気にさせたり元気づけたりする働きもある。

一方、指示の回数が少ないほうが効果的な場合もある。あまりにもポンポン指示を出されると、選手はやる気をなくし、あれこれ考えすぎるようになってしまうからである（過剰分析による麻痺）。指導者が指示を出すタイミングは、技術の練習をしている最中か終わりにすべきである。もちろん、両方を併用してもかまわない。

トニー・ディシコ（女子サッカーのワールドカップ優勝チーム元監督）は「教えるのに適したタイミング」について、選手がミスをしてからではなく、うまくいったときをとらえて指示を出すほうが効果的だと強調している。

ピート・キャロル（南カリフォルニア大学のアメリカン・フットボール監督）は、選手に指示を出すタイミングとその内容がその後のプレイを大きく左右すると述べている。欠点を指摘するだけでは選手の心がネガティブになるだけなので、こうすれば良くなるという改善の具体的な指示を出すべきだというのである。欠点ばかりを指摘するような指示では本当の意図が選手には伝わらないし、次の結果にもつながらない。これでは「教えるのに適したタイミング」を逸することになり、ひいては選手を混乱させ、やる気をなくさせることになってしまう。

また、監督が試合中にも怒鳴り続けているとしたら、それは、練習できちんと選手を教えていないということの証でしかない。

ハーヴ・ドルフマンは、選手に指示を出す場合には「言葉を正しく」使う必要があることを強調して、以下のような事例を挙げている（2003、p.50）。

- 指示はあいまいさを避け、具体的に行う。
- 自分の意見や判断を伝えたいのか、それとも事実を伝えたいのか、しっかり区別する。
- 比較したいのであれば、正確でポ

指導者は、選手とのミスコミュニケーションが実力発揮の大きな阻害要因となることを理解したうえで、効果的な指示と行動をとらなければならない

イントをついたものにする。

- 長々と説教を聞きたい選手はいない。だから指示は簡潔に行う。
- たとえば「おまえは弱虫だ」といった感情的な言葉は使わない。
- 一般論ではなく、監督の言葉を選手が理解できるように具体的な指示をする。
- 事実と原因、そして個人的な価値判断（審判の判定など）をきちんと区別して話す。

「ミスをするたびに怒鳴っていては、選手は伸びない。そんなことをすれば選手の心は縮んでしまい、進歩は止まってしまう」
——ピート・ウェイト、ウィスコンシン大学バレーボール監督
（バレーボール・コーチングバイブル、2002、p.304）

❷ 競った試合状況を想定した練習

チーム練習の質を高めるもう1つの方法に、得点をさまざまに想定し、さらに先発メンバーと控えの選手でゲームをするというのがある。競った試合状況を想定した練習では、得点をいろいろに変えてシミュレーションゲームをさせればよい。たとえば、27対27という状況で最後に競り勝つ練習をさせるわけである。

あるいは先発メンバーのチームをAとし、控え選手のチームをBとした場合に、AがBに2点負け

ている状況から試合を始め、お互い必死で戦わせるというシミュレーションもある。

ミック・ヘイリー（南カリフォルニア大学の女子バレーボール監督）はよくこうした方法で練習させるが、彼はこれをアメリカン・フットボールの監督であるピート・キャロルのやり方をヒントにしたと言っている。「ピートは、先発メンバーのクオーターバックを控え選手のチームに入れて練習マッチをやらせる。こうすると、控えチームのオフェンスがいつもよりずっと動きが良くなるし、1人入れられたレギュラーのクオーターバックも、自分がもっと良いプレイをしなければと必死になるからである」（アンダーソン、2003、p. 21）。ヘイリーはこれをバレーボールに応用して、混成チームで練習マッチをさせることで両チームの動きを改善したり、全体のレベルアップに使ったりしている。

❸ 選手に合った方法を見きわめる

練習の質を高めるための最後のポイントは、さまざまな方法の中から選手に最適なスタイルを選んでやらせることである。たとえば、見て理解するのが得意な選手だったら、やって見せる（示範）、まねさせる、ビデオを見せる、黒板を使って説明するなどがある。また聴いたほうがわかりやすい選手なら口で説明したり講義をしたりするのもよいだろう。また、フィーリングを重視する選手なら動きへどう集中するかなどに注意を向けさせればよい。また戦術や技術を理解するのに、実際に体を使って練習する前にイメージトレーニングするとうまくいくという選手もいる。

このようにさまざまな方法を駆使することで、身につけるべき技術の反復練習が可能となり、練習効率も上がって好循環が生まれてくる。特に初心者の場合には、やりすぎと思われるぐらいの反復練習が必要である。もちろん一流選手でも、これまで慣れ親しんだ技術にさらに改良を加えるような場合には、こうしたしつこいほどの繰り返しをやらざるを得ないこともよくある。

4 クオリティーコントロール

選手が練習の目標をどのくらい達成できているかを評価する方法はいくつかある。すでに述べたように、トレーニングチェック表に記入していくと、選手は自分の練習に対して意欲的になり、責任感も出てくる。もちろん、それが練習の質の向上につながることは言うまでもない。また、シーズンに入る前や最中の体力テスト、戦術の理解度チェック、ポジションごとのプレイチェックなどを指導者が行うことは、練習の質を評価するのに有効である。

選手と指導者との間でコミュニケーションがとれているかどうかも、練習の質をチェックする際の重要なポイントとなる。自分の気持ちや感じていることを素直に言えるような選手が多いと、指導者はチームを掌握しやすいばかりでなく、自分の態度や教え方がどのように選手に影響を与えているのかも知ることができる。また、ミーティングも定期的なものばかりでなく、臨時のものも含めて活発に行うようにするとよい。こうすることによって選手の上達度を把握できるし、練習の質をチェックすることもできる。

また、練習量が適正な負荷だったかどうかについてもチェックが必要である。仮にトレーニング負荷が選手の回復力を超えたものだったとすると、パフォーマンスが低下するだけでなく、心身にダメージを与えることになってしまうからである（ヴォイト、2003）。

トレーニング負荷が適正かどうかについては、各トレーニングセッションの後で、指導者が毎回チェックしなければならない。シュミットとリスバーク（2000）は指導方針を、練習の準備（たとえば目標設定や練習しようとする技術の特定）、練習内容、説明（たとえば期待値の明確化）、およびフィードバックなどについてチェックリストを使って評価することを勧めている。

最終的に監督は、自分自身やコーチングスタッフが、練習の準備や実施にあたってどれほどの努力を払ったかについても自己評価すべきである。アンソン・ドランスは「指導者の中には、選手を最高のレベルにまで育ててやろうという強い気持ちのない人がいる」と書いている（1996、p. 21）。こんな軟弱な指導者は選手と対立するのを嫌がり、練習を楽しくやらせることばかりに気をつかうだけなので、選手たちの技量はまったく向上することがない。

第12章

指導の質を高める――より高い指導を求めて

指導者は日々の練習の中に、これまで本書で紹介してきたメンタル面の強化法を実際に取り入れていただきたい。選手のメンタル面を強化するのに時間を割けば、個々の能力をさらに高め、チームのレベルアップにつながる。

そこでこの最終章では、これまで述べてきたメンタル強化法を応用してさらに指導の効果を上げる方法を述べていくことにしたい。

特にジュニア層を教えている指導者が、子どもたちの身体的、技術的、精神的、そして社会的な発達を考慮しながら「発達度合いに応じたコーチング」ができるように、いくつかのポイントを挙げてみたい。また、すでにトップレベルで戦っているチームの指導者に対しては、効果的なコーチングに関するこれまでの研究成果や、さまざまなスポーツのコーチや選手から得た情報をお伝えすることにしよう。

1――指導者と選手の関係

現在の指導法は、20年前、いや10年前と比べても、かなり違ってきている。特に、指導者と選手の関係には大きな違いが見られる（ヴォイト、2000）。

「希薄な関係は無秩序につながる」という言葉がある。もし選手と指導者の関係がきちんと築かれていなければ、チームのルールや規範など何の意味もなさない。指導者と選手の関係は体育館やグラウンドでのつながりだけでは十分ではないのである。だからといって、「指導者は選手の親友であるべき」などと言っているわけではもちろんない。コート上だけではなく、お互いにもっと深い絆で結ばれているべきだということである。

ピート・キャロル（南カリフォルニア大学のアメリカン・フットボール監督）は、「選手と良い関係を築くことが結果を出す最善の方法である。良い関係を築き、それを維持することは、目標に到達するための最も良い方法である」と語っている。

指導者は、どんなレベルの選手でも、選手をひとりの人間として理解するように努めるべきである。そうすれば選手はチームのために全力を尽くすようになる。

また、良い指導者になるには何度も失敗する必要があると思っている人がいる。選手が不平不満を持って逆らったり辞めたり、あるいはチームがバラバラになって最下位になるといった悲惨なことを必ず経験しなければならないというのである。しかしそんなことはない。あらかじめ勉強しておけばいいだけである。

2 「教えるのに適したタイミング」——効果的なコーチング

「教えるのに適したタイミング」についてはすでに第11章でも述べたが、これは非常に重要なことなので、もう少し補足しておくことにしたい。

選手の変わり目がわかれば、効果的なコーチングができる。またタイミング良く的確なフィードバックを与えられれば、選手の有能感（できるという感じ）や自信、そしてやる気にとても良い影響を与えることができる。

指導者が次の点に注意して若い選手を教えていけば、大きな成果をあげることは間違いない。

- 指導者としての言動
- 鋭い観察
- ていねいなフィードバック
- 雰囲気づくり
- プレイの評価

1 指導者としての言動

よく使われるコーチングの言葉に、「試合こそが最良の教師」というのがある。つまり、どうやったらいいかをくどくど話すよりも、まずプレイさせてみればいいのである。このことを忘れて、やらせもせずに、あれこれ注意しようとするコーチが多いのは残念なことである。

効果的なコーチングのための指導者の言動は、「TARGET」という単語で表現することができる。

- T＝Task（課題）：選手の発達段階や能力レベルに応じた、挑戦しがいのあるドリルや活動を数多く利用する。
- A＝Authority（権威づけ）：たとえば練習内容やユニフォームなどを決める際には、選手と一緒に行うとよい。また16歳以上の選手たちには、お互いに競い合えるようなドリルや練習を行わせる。しかし重要なことは指導者が決め、それらをしっかり守らせるようにすべきである。
- R＝Recognition（理解）：選手が努力して変わろうとしていたら、どんどんほめてやる。同時に、価値観や自信が育っていくのを見守ってやる。
- G＝Grouping（グルーピング）：技術的な練習は1人から少人数へ、そしてチームへと広げていく。少人数のほうがボールに触れる機会が多くなるからである。
- E＝Evaluation（評価）：勝ち負けのような結果ではなく、個々の進歩の度合いをきちんと評価する必要がある。仮に負けた試合でも、どんなプレイをしたかという視点で評価すべきである。

・T＝Timing（タイミング）：技術を身につけ改善していくために、簡単なものから複雑なものへという手順を守りながら、数多くの反復練習をさせるべきである。練習には十分な時間をかけるべきだが、待ち時間を長くしてはならない。

どんな言動が選手のやる気を損ねてしまうかを以下にリストアップしておいた。どれも選手の心に恐れや怒りを生じさせ、指導者としての信頼やリーダーシップにも深刻なダメージを与えるものである。

・おどし……「一生懸命やらないんだったら、チームから追い出すぞ」「もう一度同じミスをしたら、もうプレイさせないぞ」
・批判と皮肉……「俺が見た中で最低のバレーボールだ」「お前たち全員よりも、うちの5歳の子どものほうがよっぽどバレーボールをわかっているぞ」
・なじる……「あれだけ練習したのに、この程度しかできないのか」
・罰……「○○ができないなら、全員でランニングだ」
・権威……「俺は監督だぞ。俺の言うとおりにやっていればいいんだ」
・傲慢……「監督の俺に何か言いたいことでもあるのか」
・恩に着せる……「俺はお前たちに何だってやってあげているだろう」
・えこひいき……「控えの選手よりもエースのほうが可愛いに決まっているだろう」

どの選手に対しても公平に接することは当然だが、現実にはこれがなかなか難しい。しかしそれでも、日頃から選手とうまく接することができるような関係づくりが必要となる。第8章の「コミュニケーション十戒」（112ページ参照）をもう一度読み直していただきたい。

2 鋭い観察

「教えるのに適したタイミング」やミスを修正するチャンスを探しているだけでは、指導者とは言えない。選手の発する言葉やしぐさをよく聴いたり見たりして、そこに隠されている彼らの能力レベルや自信、あるいは忍耐力などの重要な情報をキャッチするべきである。

「僕にはできません」「何をしたらよいかわからないんです」、または「俺はなんて間抜けなんだ」などという選手の言葉を聞きもらしてはならない。こうした言葉の裏には選手のイライラが隠されていたり、このチームではやっていられないというメッセージが含まれていたりするからである。このような選手には、1つの技術を身につけるには時間がかかり、そのために練習が必要だということをきちんと教える必要がある。また、ミスをしかったところでほとんど効果はない。選手は欠点ばかりを指摘されると、できるという感覚や自信が次第になくなって、最後には大好きだったバレーボールを辞めてしまいたいと思うようにさえなる。

「ダメなんです」「このコートで一番下手なのは私です」などと選手が言うようなら、それは自信のなさの表れである。こんな言葉を聞きつけたら、他人と比較せずに次のプレイだけに集中するようアドバイスするべきである。

また、選手の自信を高めるには、ほめるに値するプレイだけをほめるようにする。けなすよりはほめるに越したことはない。だからといってたいしたことでもないのに、やたらほめたりしてはならない。どんな年齢やレベルの選手でも、指導者の言動には敏感に反応する。少し難しいことにチャレンジして、それをやり遂げたときに、選手たちの有能感や自信は大きくなっていく。だからこそ、頑張ればぎりぎり達成できるような目標を与えることが重要になってくるのである。

指導者としてもう1つ気をつけなくてはならないのは、選手が努力しなくなったときである。こうしたことが起こるのは学校や家庭で何かが起こっていて、選手自身ではどうにもできなくなっていることが多い。日頃から選手と対話ができていれば、仮に何か問題があっても、それについて話し合うことができる。練習で精彩を欠いている場合には、指導者やチームメイトに対して何か不満や問題を抱えているのかもしれない。これも早急に話し合いをして解決すべきである。また、選手は親から誤った情報を聞かされていることも多々あるので、そうした兆候が見られたら、指導者と親とでよく話し合う必要がある。

練習や試合でミスを多発するようだったら、その原因を探ってみよう。たとえば、プレッシャーを怖がっていないか、チームや指導者に対して何か問題を抱えていないか、親の期待が大きすぎてミスを恐れていないか、などである。こういう選手には、問題そのものではなく、どうやればうまくいくかを話してやることが大切である。

やる気をなくした選手は、バレーボールから遠ざかろうとする。彼らは、指導者やチームメイトとの関係改善やうまくなりたい気持ち、あるいはプレイへの挑戦心などをなくしてしまっている。こういう選手に対しては、もう一度原点に立ち戻って「なぜバレーボールをやってきたのか」「バレーボールに何を期待し、何が好きなのか」を考え直させるべきである。

3 ていねいなフィードバック

❶ 効果の高いフィードバックの方法

選手がやろうとしていたことができたときには間髪入れずにほめ、またスキルに直接関係するフィードバックもどんどん行うべきである。

「良かったじゃないか」といった一般的なほめ言葉には、実は重要な情報は含まれていない。これに対して、「いまのレシーブはすごく良かったよ。もう1回やってみるか」というほうが、指導の言葉としてははるかに有効である。

以下に挙げる事柄は、選手に対して効果のある指示やフィードバックである。

- **「あなた」よりも「私」という言葉を使う。**

　こうすると選手たちは消極的にならずにすむ。たとえば、「私にはおまえが飛び込むのがちょっと遅かったように見えた」など。

- **皮肉はどんなことがあっても言ってはならない。**

- **望んでいたプレイならほめ、そうでなければ絶対におべんちゃらは言わない。**

選手が自分のプレイに集中できていないときは、マイナスな面をあえて無視するのもたまにはいいだろう。あまり細かいことをくどくど言わずに、手短にポイントを伝えるようにする。選手なら誰でも指導者に自分のプレイを見ていてほしいと思っている。指導者がちゃんとやっている選手にしか指示やフィードバックをしないということがわかれば、放っておいても見てもらえるようなプレイをしようとするものである。

- **指で指したり、険悪な口調や表情で指示したりしない。**

指示そのものは的確であっても、指導者のしぐさや表情が険悪だと、選手は「監督はなぜあんなに怒っているんだろう」と、内容よりもそちらのほうに気をとられてしまう。何を言うかということ以上に、どのように伝えるかのほうがはるかに重要であることを知るべきである。

❷ 選手のモチベーションをより高める方法

選手のモチベーションを高める最も良い方法は、毎日、自分たちのゲームを少しでも良くしようという姿勢で練習に取り組ませることである。

そのために、以下のことを試していただきたい。

- **バレーボール以外の、たとえば学校や家庭、あるいは趣味などについても知っておく。**
- **チームのまとまりやモチベーションが高まるようなプランをつくる。**

- 練習を組織的、競争的にし、かつ反復回数を多めに設定する。
- 練習の取り組み方をモデル化し、選手に責任を持たせる。

たとえば「ボールが床に落下する前に、必ず飛び込んでボールを上げる」ことをチームの決めごとにしたら、どんなことがあっても毎日やらせ続ける。ちょっと油断して言わないと、そんな決めごとはあっという間に意味をなさなくなってしまう。

- どの選手に対しても、チーム内の役割と責任を与えるようにする。

それぞれがお互いにチームに貢献できているという感じが持てるようになると、必ずうまくいくようになる。

- 指導者が時にはイライラやがっかりしている様子を選手に見せることで、真剣に一緒に戦っているという姿勢を示せる。しかし、どんなことがあっても選手の人格を攻撃するようなことがあってはならない。

4 チームの雰囲気づくり

指導者は独自のコーチング哲学とビジョンを持たなければならない。そしてこの2つがチームを率いるという長い航海の羅針盤となる。

指導者としての自分に次のような質問をしてみるといい。

「私のコーチング哲学はどんなものか」

「私のコーチングの最終目標はどこにあるのか」
「今シーズンの目標は何なのか」

選手の「成長」「喜び」、そして「技術の向上」の3つは、コーチングの目標として最優先されるべきである。特にジュニアの指導者はこのことを念頭に置いていただきたい。

この3つの目標はただのお題目にするのではなく、日々の練習や試合でも必ず実行し、やり遂げなくてはならないことである。それはどの選手に対しても、適切なドリルや反復練習の機会、そして技術の難しさに応じた特別な練習などを行わせることにつながっている。

「私たちは常に、チームの中でレベルの低い1／3の選手たちを向上させるように努力している。彼らのレベルが上がれば、必然的に上の選手たちのレベルも上がるからである」

――ミック・ヘイリー、南カリフォルニア大学女子バレーボール監督
（アンダーソン、2003、p.18）

控えの選手たちをどう扱うかによって、チームの雰囲気は、ガラリと変わってくる。前述のミック・ヘイリーは、テキサス大学や南カリフォルニア大学で何度も全米選手権に優勝した名将だが、とりわけ控え選手にはチャレンジの機会を与えてやることが重要だと述べている。

また、ノースカロライナ大学の女子サッカーチームの監督であるアンソン・ドランスも、「控え選手がチームの土台となって支えてくれているのだ。だからこそ彼らには十分な敬意を払うべきだ」と言っている。ドランスは、控えの選手をどう扱うかがチームを変える鍵を握っており、ひいては効果的なリーダーシップにもつながると述べている。

そこで以下の質問に答えてみていただきたい。

- 控えの選手の態度はどうだろうか。
- 控えの選手がチームのためにやっていることは、きちんと評価されているだろうか。
- スタメンの選手たちは、控えの選手をどのように見て、接しているだろうか。
- 指導者としてあなたは、スタメンと控えの選手をどのように扱っているだろうか。

5 プレイの評価

「教えるのに適したタイミング」で意外に見過ごされがちなのが、練習や試合の後の評価である。これは指導者にも選手にもあてはまるので、次のことに注意しながら行っていただきたい。

- 試合でのプレイについて、選手は何を感じ、何を考えているのか。
- 試合で何がやれたのか（良かったこと・普通だったこと・ダメだったこと）。
- 過去のプレイと比べて、今日はどうだったか（良くなった・変わらない・前より悪い）。

- チーム全体として、良かった点、変わらない点、ダメだった点は何か。
- 的を絞って練習しなければならないのはどの部分か。

以上の点を説明し強調することで、選手の結果に対するとらえ方が変わってくる。そしてそれによって、次の練習や試合に対する心構えややる気もまったく違ってきてしまう。

たとえば、チームが全力を尽くしたうえで試合に敗れたとしたら、その負けを悲観的にとらえるべきではない。逆に勝ったとしても、チームとしてのまとまりがない試合だったとしたら、結果だけで喜んではならない。指導者は、試合の後でこうしたことを選手たちに正しく伝えなくてはならないのである。

6 評価する際の留意点

スポーツ心理学者のマーク・アンシェル（1990）は、「指導者は、勝敗という最終的な結果を生み出した試合中のさまざまなプレイの良否について、正直かつ正確に評価する責任がある」と書いている。アンシェルは、指導者が結果（勝敗）の原因をどのように評価するのかについて、以下のような事例を挙げている。

【能力について】

「今日は良いプレイができた」

「ここのところジャンピングサーブの出来が良いじゃないか」

「この大会ではうまくプレイできなかった」

「他のチームのどこよりも、われわれのほうが精神的に強かった」


【プレイの難易度について】


「今日は強力なブロック相手によく戦ったが、それにしてもすごいブロックだったね」

「今日の相手はこれまで見たこともないぐらい良い出来だった」

「2歳上のチームとやったにしては大健闘だったよ」

「この大会のナンバーワンチームに勝ったんだよ。すごいじゃないか」


【努力について】


「全力を出し切って戦ったね」

「今日のように一球一球を大切にすれば大丈夫、負けることはない」

「今日のような試合に勝つには、もっと攻撃的にいかないと」

「今週の練習はみんな気が抜けていたぞ」


【運について】


「今日はツキがなかったな」

「今日の審判の笛は全部ひどかった」

「今日はチーム全体がこれまでで最高の出来だった」

「今日は何か乗れなかったね」

成功と失敗に関する研究によれば、選手が感じたり言ったりすることと次にやることとの間には関連があることが明らかになっている。たとえば、負けや失敗ばかりを心配している選手は自信もなく大きな不安を抱えているため、心配したとおりの結果が待ち受けている。

練習不足、気が抜ける、戦術ミス、肝心なポイントでの集中不足といったように、思うように結果が出ない原因はいろいろある。しかし、これらはすべて選手の心の問題であり、変えることができる。指導者は、選手がそのことに気づくようにしてやらなくてはならない。

「試合に負けるのは選手に能力がないからだ」と思っている指導者は、選手のやる気を引き出そうともしないし、何の対策も講じようとしない。しかしたいていの選手は、能力ではなく練習が足りないから結果が出ないということが自覚できれば、次にはもっとうまくやろうと努力するはずである。ところが、「失敗するのは能力がないからだ」と短絡的に考えてしまうと、努力しようという意欲もなくなってしまう。努力こそが上達のための最重要ポイントと考えるべきである。

また、指導者は、敗北や失敗、運、判定、相手の強さといった類のことを、あれこれ取りあげて口にすべきではない。うまくいかない原因をこうしたもののせいにすれば、一時的には選手の力や自信を傷つけないですむが、長い目で見れば選手のやる気をそぐことになる。選手がそうやって過去の負けを納得したとしても、結局は自分の力に疑いを持ち始めるようになる。

しかし運やツキのようなものでも、使いようによってはチームの自信を保てる場合もある。たとえば、激戦の末に惜しくも敗れてしまった場合に、「本当に良い試合だった。でも、今日はちょっとツキがなかったね」というような使い方なら、効果的なこともある。もしも指導者が運や状況の困難さといったことについて話す場合には、次のようにポジティブな形に変えて言えばよい。

「今日のお前たちのプレイは上出来だったよ。ただ相手にほんのちょっとだけツキがあっただけだ（運）」

「顔を上げろ。今日お前たちは最高のチームと戦ったんだから（状況の困難さ）」

最後の留意点として、指導者がタイムアウト、セットとセットとの間、そして試合の後で選手に話すときには正直でなくてはならない。選手がうまくプレイできなかったら、それを「ツキがなかった」「相手が強すぎたから」などと言うのではなく、きちんとその原因を伝えたほうがよい。

ここで大切なのは指導者が「自分は何を言いたいのか」、また「最も適した指示は何なのか」をよく考えてから話すことである。感情的になって思いつきで話すようでは、選手の心はあっという間に離れていってしまう。

また、指導者が選手同士を比較する場合には、彼らの発達状況をよく考慮しなければならない。「どうしてお前はあいつのようなサーブが打てないんだ」というような他人との比較は誰でも嫌なものである。そんなことをされれば自分の能力を疑うだけで、その選手を負かしてやろうという意欲がわいてくるわけがない。

もちろん客観的に説明できる材料があるのなら、たとえば「今日はお前をこういう理由でスタメンからはずして、あいつを使うよ」というのは、具体的な説明なのでやってもかまわない。しかし、それが主観的なものだと、たいていは選手を傷つけ、彼らの自信と意欲に悪影響をもたらすことになる。

前にも述べたように、いまの選手たちの気質は、かつてのアメとムチだけで動くようなものではなくなってきている。特にタイムアウトや試合の後では、「今日のお前たちは12歳以下の子どもたちにだって勝てないぞ」といった嫌味ではなく、「一球一球、しっかりくらいついて拾っていこう」というように心を奮い立たせる教育的な言葉かけが必要である。

3 発達度合いに応じた効果的なジュニアコーチング

「ジュニアスポーツに関する考え方を変える必要がある。勝ち負けのことしか頭にない指導者は子どもたちを教えてはならない」

——スティーブ・カールソン、元NFLの選手

（ロサンゼルス・タイムズ、2005年4月28日）

ジュニア層の指導を担当するということは、クラブに対しても子どもたちに対しても非常に大きな

責任を負うということである。したがってその任にあたる指導者は、たえず安全面や教育的な面に配慮しながら、スポーツの楽しさを教え、子どもたちが社会的にも精神的にも健全でいられるように教えていかなくてはならない。さらに年齢の低い子どもたちを教える場合には、動きの基本パターンと合わせてバレーボールの基本技術を指導することになる（第1章参照）。

ところが、試合の結果しか頭にない指導者がこの時期の子どもたちを教えたりすれば、子どもたちは基本的な動きのパターンもバレーボールの基本技術も身につけることができなくなってしまう。こうした指導者はトップレベルの選手のプレイがいつも頭にある。そのため、子どもたちは肉体的にかなりハードな練習をさせられることになり、それがけがなどにつながってしまいやすい。さらに精神的にも、勝つことばかりを強いられるために、自信や満足感、そしてバレーボールに対する意欲がどんどん薄れていってしまうのである。

特に16歳以下のジュニアを教えている指導者は、年代ごとの発達上の特徴についてよく理解しておかなければならない。子どもたちの発達に関する研究によれば、その能力の質や広がりは運動と知性の発達に影響を与えていることが明らかになっている。子どもたちの運動能力は、確かに一部は遺伝的なものもある。しかしそれ以上に多くの要素によって大きく左右されている。たとえば、活動のレベルや栄養、病気、休息などの環境要因、親、指導者のサポートの程度などの社会的要因、ストレス、自信、経験などの有無といった心理的要因、さらには体格などの身体的要因などで大きな違いが生まれるのである。

子どもたちの運動や知性の発達には、一般的なパターンがある。しかし、その発達度合いは個々それぞれに違っている。ところがこうしたことをよく知らない親や指導者は、子どもたちの身体的、知的、社会的成長がまだ十分ではないにもかかわらず、最低これだけは身につけなくてはならないと考え、かなり強引なやり方をしたりする。しかし、そんなことをすれば事故やけがにつながるし、また長期的に見れば失敗不安、自信の喪失、意欲の低下といった心の面で大きなダメージを与えることになってしまう。

ジュニアスポーツの研究者として著名なモーリーン・ワイスは、親や指導者はこの時期の子どもたちに対して目に見える身体的なスキルだけではなく、もっと多面的なスキルと将来にわたる可塑性を考慮する必要があると述べている。

ジュニア層を育てようとする指導者は、人間発達論、発達心理学、運動発達論、運動学習論、および教育学などの知見に基づいて、年代ごとに特有な発達の特徴についての理解を深めていかなくてはならない。表12-1には子どもたちの発達に関するさまざまな情報を網羅しておいたので、より良い指導者や教育者となるためによく読んで指導に役立てていただきたい。

こうした研究からも、ジュニアの選手を性急に育てようとしてはならないことは明らかである。たとえば7歳の子どもに野球を教えるときに、「スプリットフィンガード・ファーストボール（フォークボールに近い握り方で、ボールを人差し指と中指で挟み込むようにして投げる球種）を投げろ」などとは誰も言うはずがない。それと同じようにバレーボールでも、子どもたちに「強いスパイクを打て」と

表12-1　効果的なジュニア指導のために――発達面で考慮する点

●児童期［6～12歳］

	発達の特徴	コーチのかかわり方
6～8歳	・基本運動パターンが重要（手と目の協調、フットワーク、バランス、ジャンプ） ・8歳までは、聴覚や視覚よりも運動感覚を学ぶ	・この時期の子どもたちは、基本的な動きのパターンを獲得することが重要で、決して急いではならない ・子どもたちは、言葉による説明によってではなく、実際にやってはじめて基本的な運動を身につけることができる（体を使った試行錯誤が大切）
8～9歳	・自分の判断よりも大人から何か指示してもらうほうがうれしい ・個々の違いを強く意識するようになる（例：誰が一番上手で、誰が下手か、など） ・同性の親のまねをする ・チームやグループの活動によく反応する	・コーチや親からの自信を強めるような言葉かけが必要 ・個々の違いを見て指導すること ・両親は言動をまねられていることに注意が必要（試合前後や最中の言葉や行動、など）
10～12歳	・考えて行動するようになる（特に失敗すると、やる気を失いやすい） ・プレッシャーがかかると、活動への興味を失いやすい ・責任を与えられたいと思う ・〝対等〟に話してほしいと思う ・大人の関与に敏感に反応する ・自分や他人を批判したり、反抗したりする ・小さい頃に身につけた技術がこの時期に自動化する ・この時期の技術的な成長には、正確さ、巧みさ、適切さが見られる ・周囲の比較や評価を気にするようになり、敏感に反応する	・コーチや両親は、子どもたちのプレイや成績とその人格を一緒にしてはならない（試合に負けたからといって、ダメな人間ではないのは当然） ・特に自信がない子どもは、プレッシャーがかかると辞めようとしがちである ・ミスや負けは良い選手になるために必要なことで、そこから学ぶことを教える必要がある ・基本技術は重要であり、それを楽しく練習できるように配慮する ・日々進歩するためには、一定の厳しさが必要であることと、他人との比較ではなく自分を向上させることを教える

●青少年期［13〜16 歳］

	発達の特徴	コーチのかかわり方
13〜14 歳	・自己中心的な時期 ・独自の個性の形成 ・多くの人が自分に注目しており、賞賛したり批判したりしていると思っている（実際、この時期の少年は他人から見られたり、気にかけてもらいたいと思っている） ・仲間内でお互いに比較したり、評価したりする ・〝知ったかぶり〟をしたがり、情緒的にも不安定	・この時期の少年たちが、こうした行動をとっても、その子個人の問題としてではなく、この時期の少年に共通する問題だと考えるべきである ・何かミスをしたからといって、すぐに呼びつけて叱責するべきではない。特にこの時期の少年たちは、学ぶこと以上に格好の悪さを気にするからである
15〜16 歳	・自分自身に対して〝新しい見方〟ができ始める。周りと協調してうまくやっていこうともするが、まだ自己中心的な言動も残る	・彼らのプレイや成績を他と比較しないこと。むしろ、前回と今回を比べて、改善されている点に気づいていけるように、彼らの内側に成功の尺度ができるよう指導する ・技術やドリルの難しさに応じて適切なフィードバックをする（易しいことができても、もうほめない）

か「フライングレシーブをやれ」などと言ってはならない。あるスキルに対して、子どもたちが心も体もまだ十分な準備ができていないのに、それを強引に教え込もうとすれば、さまざまな面で悪い影響を及ぼすことになる。

また、8歳以下の子どもたちに長々と話をしても意味がない。この時期の子どもは見たり聞いたりするよりも、実際に体を動かすことでいろいろなことを身につけていくからである。そんなことも知らずに、何とか子どもたちに自分の話を聞かせようとすればするほど、彼らはますます興味を失って、しまいには友だちとふざけ合ったりするだけである。こうなると指導者は腹を立ててよけいに怒鳴ったりする。しかし、それは子どもたちが悪いのではなく、指導者の無知が招いた結果なのである。

8～9歳の子どもたちにとって、指導者が何を言い、自分たちにどのように接するかはとても気になるところである。意図的かどうかは別にしても、指導者がある特定の子どもをえこひいきするようなことがあると、子どもたちは敏感に反応する。だからこそ、この時期の子どもたちにはまったく平等に接するように注意しなければならない。

また、プレイ時間についても公平にし、楽しい雰囲気でチームが一体となって練習できるようにしてやる。やる気のある子どもたちなら、指導者の指示や注意に真剣に耳を傾けるので、適切なアドバイスをポジティブな言葉でかけてやることが大切である。こうすることで、彼らの中にやれるという自信が育っていく。こうして自信が大きくなれば意欲も増し、次々と新しいスキルを身につけようとチャレンジするようになる。

この時期の子どもたちを教える指導者としてまず優先すべきは、何よりも楽しく練習させることである。それができたら次は、基本的な体づくりと技術を身につけさせるようにする。勝ち負けといった結果については、まったく話さないほうがよい。また、チーム内でのMVPだとか、トロフィーなどもまだ与えないほうがいい。

10～12歳の子どもたちを教えるのはとても面白いが、やり方によっては子どもたちをダメにしてしまうこともある。というのは、この時期の子どもたちは非常に急激な変化を見せるからである。したがって、この時期こそ最高のコーチが必要である。ほとんどの運動技能はこの時期に発達し自動化されていくので、特に運動を正しく行うことと、判断力などのスキルを優先的に身につけるようにさせることを重視しなくてはならない。

子どもたちは自分にどのくらいの力があるのかを、仲間や相手チームの選手たちと比べることで感じ取るようになる。ここで指導者や親が教えなければならないのは、ヒーローになることではない。それよりも、次のプレイを少しでも良くしようという気持ちを育てることが大切である。

また指導者は、子どもたちがコートで見せるプレイと彼らの人格とを同一視してはならない。たとえば、ある子どもが大切なポイントでミスしたからといって、「本当に気持ちの弱いやつだ」などと言ってはならないのである。

さらにこの時期の子どもたちは、完璧にやらなければならないと考えがちである。しかし、ミスは将来大きく伸びるためには必要なもので、ミスを怖がらずに思い切ってプレイすることの大切さこそ教えるべきである。

12～16歳のいわゆる思春期の選手たちは、情緒不安定だったかと思うと、「自分は何でもわかっているんだ」とばかりに横柄な態度を見せたりする。つまり気持ちのぶれが生じやすい時期である。彼らは表面的には指導者の話をよく聞こうとする。しかし、本当に気になるのはチームメイトや友だちの言葉である。このように他人の目を気にするので、チームメイトの前でしかりつけたりすると逆効果となる。また自己中心的な時期でもあり、他の選手と比較して欠点などを指摘すると、たちまちやる気をなくしてしまったりもする。また、気持ちが内向的になり、自信もなくなって、不安や緊張が大きくなっていくこともよくある（情緒不安定）。

思春期も後半になると、他人に対する共感も見られるようになり、自分だけの世界から出て少し周りを理解できるようになっていく。しかし、それはまだまだ十分なものではないので、もし個人的に注意しなければならないなら、個別に呼び出して行ったほうがよい。

4　トップレベルのコーチング

近年、高校や大学、あるいはクラブチームなどの練習プログラムでも、勝利志向のプロスポーツで行われているものを取り入れる傾向にある。しかし、前述したスティーブ・カールソンの言葉にもあるように、それではまずい。

ジュニア層を教える指導者が子どもたちの発達に合わせてコーチングしようとするのは、考え方を変える最初のステップである。そして次のステップは、結果よりもプロセスを大切にすることである。

たとえば大学レベルでも、周囲の期待の大きさにはびっくりさせられる。トーナメントを勝ち抜き、どうしても全米選手権に出場しなければならないというプレッシャーを感じていない選手や指導者はいないのではないだろうか。しかし、どんなに周囲から期待されても、日々の練習で目指すのは全米選手権の優勝カップではなく、そこに至るプロセスを1つずつ確実に達成することである。つまり選手権で勝つために、今日は何をすべきかにだけ集中して練習すればいいのである。

こうした毎日の練習の目標やノルマは、チームの持つ潜在的な力を最大限に引き出すためのプロセスに他ならない。表12-2は、結果ばかりを意識しているチームとプロセスを大切にしているチームとの違いを示したものである。

表12-2をよく見ていただきたい。たとえば結果重視のチームは弱い相手と対戦すると、全力を尽くさなくても勝てるので、すぐに手を抜いたりする。それでは力はつかない。逆に強いチームとあたると、今度は結果を先読みして、とても勝てそうもないと萎縮する。さらに、先発メンバーがけがをしたり、新しいメンバーでプレイしなければならなくなったりすると、勝てないという思いがますます大きくなり動揺してしまうのである。

これとは逆に、プロセスを大切にする指導者に率いられれば、選手の気持ちはずっと楽になる。これまでにも何度となく述べてきたことだが、勝ち負けというのは誰にもコントロールできることでは

表 12-2 どのような試合をしたいか——プロセスが大切か、それとも結果か

認識状況	結果重視	プロセス重視
自分たちより弱い相手と対戦する場合	「いい加減にやっても楽勝だ」	「いつも自分たちがやるべきことをやる」
タフで、競った試合をする場合	「負けるかもしれない」と恐れながら試合をする	「この厳しい状況こそチャレンジだ」と考える。ここで自分の技術を使えてはじめて本物だと思う
上位のチームと戦う場合	「とても勝てそうもない」と思う	「相手とではなく、自分たちのバレーボールをしよう」
下位のチームと戦う場合	「多少、調子が悪くても負けるわけはない」と考える（自信過剰）	いつもの自分たちのバレーボールをやり、ウイークポイントを改善するよう心がける
エースがけがを押して出場した試合を戦う場合	「どうやって戦ったらいいのだろうか？」「このままじゃ、まずいぞ」	「いま、実際に一緒にプレイをしているじゃないか。どうやったら彼をカバーできるだろう？」
弱い相手なのに、はじめからエンジンがかからない（スロースターター）	「いつでも勝てるさ」	「いつものゲームプランに戻るべきだ」
強い相手なのに、スタートからもたつく	「何をやっているんだ」——ののしり、非難、パニック	「自分たちのゲームプランに戻るべきだ」
新しいメンバーとプレイする場合	「慣れるには時間がかかるものだ」「今日は勝つのは厳しい」	「とにかくチームとして戦うのだから、お互いに協力しよう」
強行日程で試合をしなければならない場合	「連勝は難しい」「どこにやられるだろうか？」	「1 試合ごとに、自分たちの最高のプレイができるようにチャレンジしよう。そのためにも、1 つずつしっかり準備しよう」

ないからである。

　プロセスを大事にするように教えられている選手は、いつも自分の力を最大限に出し切ろうとする。たとえ相手が強かろうと弱かろうと、彼らがまずやろうとするのは自分のベストを尽くすことであり、結果は後から勝手についてくると考えている。このような選手たちは、チームのパフォーマンスが上がることだけに集中しているので、けが人が出たり試合の出だしでつまずいたりしても決してあわてることなどないし、相手がどんなに強くても恐れずにチャレンジしていこうとする。

　しかし、こうした考え方ができるようになるには時間がかかる。また必要に応じてフォローアップやフィードバックをして定着をはからなくてはならない。どの学校でもクラブでも、ほとんどの選手がプロスポーツのような勝利志向の指導を受けてきたために、プロセスを大切にするように言っても最初は抵抗感があるかもしれない。しかし、考え方を結果重視からプロセス重視に変えていけば、結果がどうであっても自分のプレイに集中するようになるし、昨日より今日を、今日より明日を良くしようという練習ができるようになっていく。

■ 参考文献・推薦図書

Anderson, R.J. (2003). Sweat & smiles. Coaching Management, 11(9), 18-22.

Anshel, M.H. (1990). Sport Psychology: From Theory to Practice. Scottsdale, Ariz.: Gorsuch Scarisbrick, Publishers.

Baechle, T.R. & Earle, R.W. (2000). (Eds.) Essentials of Strength Training and Conditioning. Colorado Springs, Colo.: NSCA.

Baechle, T.R., Earle, R.W., & Wathen, J. (2000). Resistance training. In T.R. Baechle & R.W. Earle (Eds.) Essentials of Strength Training and Conditioning (pp. 395-426). Colorado Springs, Colo.: NSCA.

Beal, D. (2004). Setter training. In K. Lenberg (Ed.) Coaching Volleyball: Offensive Fundamentals and Techniques (2nd edition, pp. 78-84). Monterey, Calif.: Coaches Choice Publishers.

Beal, D. (2002). Seeking excellence in a program—going for the gold. In D.Shondell & C. Reynaud (Eds.) The Volleyball Coaching Bible (pp. 37-52). Champaign, Ill.: Human Kinetics.

Bompa, T (1983). Periodization of Training. Champaign, Ill. Human Kinetics.

Bowden, B., Bowden, T.,& Brown, B. (1996). Winning's Only Part of the Game. New York, N.Y.: Warner Books.

Braden, J. (2002). Finding direction and inspiration amidst ups and downs. In D.Shondell & C. Reynaud (Eds.) The Volleyball Coaching Bible (pp. 28-41). Champaign, Ill.: Human Kinetics.

Carron, A.V., Spink, K.S., & Prapavessis, H. (1997). Team building and cohesiveness in the sport and exercise setting: Use of indirect interventions. Journal of Applied Sport Psychology, 9, 61-72.

Chichester, B. (2002, Spring). The dangers of dehydration. Hydrate, 11.

Didenger, R. (1995). Game Plans for Success. Chicago, Ill.: Contemporary Books.

Dorfman, H. (2003). Coaching the Mental Game. Lanham, Md.: Taylor Trade Publishing.

Dorrance, A. (1996). Training Soccer Champions. Raleigh, N.C.: JTC Sports.

Dufresne, C. (2004, May). Revolution stops here. Los Angeles Times, D 12.

Emma, T (2003). Peak Performance Training for Sports. Monterey, CA: Coaches Choice Publishers.

Fishman, M.G., & Oxendine, J.B. (1998). Motor skill learning for effective coaching and performance. In J.M. Williams (Ed.) Applied Sport Psychology: Personal Growth to Peak Performance (3rd edition: pp. 13-27). New York, N.Y.: Macmillan.

Fitzgerald, M. (2003, August). The top 10 sports science tips. Triathlete, 56-59.

Hardy, C.J., & Crace, R.K.(1997). Foundations of team building: Introduction to team building primer. Journal of Applied Sport Psychology, 9, 1-10.

Henschen, K.P. (1986). Athletic staleness and burnout: Diagnosis, prevention, and treatment. In J.M. Williams (Ed.) Applied Sport Psychology (pp. 327-342). Palo Alto, Calif.: Mayfield.

Hydrate (2002, Spring). Power up with H2O, 18.

Janssen, J. (2002). Championship Team Building. Cary, N.C.: Winning the Mental Game.

Jenkins, R. (2003). Mental preparation for quarterbacks. www.TopGunQBAcademy.com

Jordan, M. (1994). I Can't Accept not Trying. New York, N.Y.: HarperCollins.

Kluka, D. (2004). Talent Identification. Presentation book at AVCA national convention. Long Beach, Calif..

Lencione, P. (2002). The 5 Dysfunctions of a Team. New York, N.Y.: Macmillan.

Liddane, L. (2002, February 4). Feed your muscles. Daily News, 42.

Loehr, J. (1994). The New Toughness Training Manual for Sports. New York, N.Y.: Plume—Penguin.

Loehr, J., et al. (October, 2001). Workshop presented at the Association for the Advancement of Applied Sport Psychology, Orlando, FL.

Los Angeles Times. 2005, April 28. D1.

Los Angeles Times. 2004, November 27. D2.

Los Angeles Times. 2003a, September 24. D12.

Los Angeles Times. 2003b, July. D3.

Los Angeles Times. 2003c, August 30. D10.

Los Angeles Times. 2003d, October 31. D2.

McCallum, J. (2001). The gang's all here. Sports Illustrated, 75-81.

McCann, S. (2002). A model of offensive and defensive mental skills. United States Olympic Coach.

McKown, M., & Malone, K. (2003). Strength Training with Dumbbells. Germany: Myers and Myers.

Moore, B. (1998). Confidence. In M.A. Thompson, R.A. Vernacchia, & W.E. Moore (Eds.) Case Studies in Sport Psychology (pp. 63-88). Dubuque, Iowa: Kendall/Hunt Publishing.

Murphy, M. (1996). The Achievement Zone: 8 Skills for Winning all the Time—From the Playing Field to the Boardroom. New York, N.Y.: G.P. Putnam's Sons.

Nideffer, R. (1989). Attentional Control Training for Sport. Los Gatos, Calif.: Performance Services.

Nideffer, R. (1976). Test of attentional and interpersonal style. Journal of Personality and Social Psychology, 34, 394-404.

Orlick, T. (2000). In Pursuit of Excellence (3rd ed.). Champaign, Ill.: Human Kinetics Publishers.

Osbourne, T. & Ravizza, K. (1988). Nebraska's 3 R's: 1 play-at-a-time pre-performance routine for collegiate football. The Sport Psychologist, 5, 256-265.

Potach, D.H. & Chu, D.A. (2000). Plyometric training. In T.R. Baechle & R.W. Earle (2000). (Eds.) Essentials of Strength Training and Conditioning (pp. 427-470). Colorado Springs, Colo.: NSCA.

Reimers, K. & Ruud, J. (2000). Nutritional factors in health and performance. In T.R. Baechle & R.W. Earle, R.W. (Eds.) Essentials of Strength Training and Conditioning. Colorado Springs, Colo.: NSCA.

Riley, P. (1993). The Winner Within. New York, N.Y.: Putnam.

Roberts, P. (2001, May). Ed Burke's got a rocket in his pita pocket. Outside, 87.

Saindon, B. (2004). Linear and non-linear passing performance: A dialogue among coaches. In K. Lenberg (Ed.) Coaching volleyball: Offensive Fundamentals and Techniques (2nd ed., pp.221-226). Monterey, Calif.: Coaches Choice Publishers.

Schmidt, A., Peper, E., & Wilson, V. (2001). Strategies for training concentration. In J. Williams (Ed.) Applied Sport Psychology (4th ed.; pp. 333-346). Mountain View, Calif.: Mayfield.

Schmidt, R.A. & Wrisberg, C.A. (2000). Motor Learning and Performance (2nd ed.). Champaign, Ill.: Human Kinetics.

Shondell, D. & Reynaud, C. (Eds.) (2002). The volleyball Coaching Bible, Champaign, Ill.: Human Kinetics.

Silva, J. (1990). An analysis of the training stress syndrome in competitive athletics. Journal of Applied Sport Psychology, 2, 5-20.

Smith, D. (1999, September). Overtraining in sport. Symposium presented at the annual meeting of the Association for the Advancement of Applied Sport Psychology Annual Conference, Banff, Canada.

Stellino, V. (2002, October). Jags try positive approach. Florida Times Union, D 10.

USA Today (2003, October 17). Viking players have become true believers in what their coach says, 2C.

USC Hospitality Services Pamphlet (2003).

Vealey, R. (2002). Sport confidence from a social-cognitive perspective: Extending and blending research and practice. Presented at October AAASP Conference, Tuscon, Ariz.

Voight, M.R. (2004). Offensive and defensive mental skill survey. Coaching Volleyball, 2, 15-18.

Voight, M.R. (2003). Combating training stress syndromes to improve the quality of strength and conditioning training and performance. Strength and Conditioning Journal, 11, 22-29.

Voight, M.R. (2002). Improving the quality of practice: Coach and player responsibilities. Journal of Physical Education, Recreation, & Dance, 73, 43-48.

Voight, M.R. (2001). A team building intervention program study with university teams. Journal of Sport Behavior, 24, 420-431.

Voight, M.R. (2000a). When the work doesn't get done: Important consequences for players and coaches. Coaching Women's Basketball, 1, 12-13.

Voight, M.R. (2000b). Postseason play: Mentally preparing for the distractions. Coaching Women's Basketball, 2, 10-12.

Voight, M.R. (2000c). A structural model of the determinants, personal and situational influences, and the consequences of athlete dissatisfaction. Unpublished dissertation. University of Southern California.

Waite, P. (2002). Giving players and teams the competitive edge. In D. Shondell & C.Reynaud (Eds.) The Volleyball Coaching Bible (pp. 300-325). Champaign, Ill.: Human Kinetics.

Walsh, B. & Dickey, G. (1990). Building a Champion. New York, N.Y.: St. Martin's Paperbacks.

Williams, P. (1997). The Magic of Teamwork. Nashville, Tenn.: Thomas Nelson Publishers.
Woods, T. (2001). How I Play Golf. New York, N.Y.: Macmillan Publishers.
Yukelson, D. (1997). Principles of effective team building interventions in sport: A direct services approach at Penn State University. Journal of Applied Sport Psychology, 9, 73-96.
Ziegler, S. (2002). Attentional training: Our best kept secret. Journal of Physical Education, Recreation, and Dance, 73, 26-30.

・その他

National Strength and Conditioning Association: www.nsca-lift.org
International Center for Sports Nutrition: (402) 559-5505
Nutrition Counseling Education Services: www.ncescatalog.com
Association for the Advancement of Applied Sport Psychology: www.aaasponline.org
Sport Psychology Consulting: www.drmikevoight.com

訳者あとがき

北京オリンピックを翌年に控えた2007年の3月に、私は全日本男子バレーボールチームの植田辰哉監督からナショナルチームのメンタルコーチ就任の依頼を受けた。すでにそれ以前にも私は、二度のオリンピックでメンタルコーチをつとめていた。また、オリンピック選手以外にもプロ野球、プロゴルフ、Jリーグなど数多くのプロスポーツ選手にも、メンタル面のサポートを20年以上にわたって行ってきていた。そんな私のことを伝え聞いた植田監督からの要請だったのである。

かつてミュンヘンオリンピック（1972年）で金メダルを獲得した全日本男子バレーボールチームも、その後、次第に世界舞台での活躍が見られなくなっていった。そして、植田監督がキャプテンをつとめたバルセロナオリンピック（1992年）を最後に、オリンピックへの出場すらできなくなっていたのである。

2005年に代表監督に就任した植田監督は、16年ぶりのオリンピック出場を目標にチームの強化を図り、着々と世界ランクを上げていた。そして就任3年目となる2007年、北京オリンピックの出場権をかけた重要な年に、私にメンタルコーチを要請されたのだった。

私としてはたいへん名誉なことでもあり、十分な時間が取れればいくらかなりともお役に立つことができるという思いはあった。しかし、大学の公務を最優先してきた長年にわたる私のスケジューリングに加えて、この年の8月からは約半年にわたるドイツでの在外研究がすでに予定されていたのである。そうしたことをお伝えして一度はお断りしたのだが、できる限りのことでよいのでという言葉についお引き受けしてしまったのは、今となっては痛恨の極みである。ドイツに出発するまでの数ヶ月の間、何度かナショナル合宿や国際試合に帯同してみたものの、選手たちのメンタル面を強化するための十分な時間と方策を講じることはほとんどできなかった。

ナショナルチームのメンタルコーチをお引き受けすることが決まった時点で、バレーボールのメンタルトレーニングに関する本がどのくらいあるのかを調べてみた。そしてその数の少なさに驚いたのである。国内では、2007年6月に山梨大学の遠藤俊郎先生が書かれた『バレーボールのメンタルマネジメント』（大修館書店）が出版されるのだが、私が調べた4月段階ではまだ皆無だった。英語圏やドイツ語圏に検索範囲を広げてみても、本書を除いては該当するような文献を見つけることはできなかったのである。

私の時間的な制約のために、せっかくの植田監督からの要請に十分に応えることができなかったという忸怩たる思いも手伝って、私は本書を翻訳することを決意した。ドイツ滞在中に翻訳を終え、北京オリンピックに向けて猛練習を重ねているナショナルチームに届けたいという思いで取り組んだのだが、結局、出版までにはさらに1年以上を費やすことになってしまった。

当初は、原書の忠実な翻訳を試みたが、訳文を何人かのバレーボール関係者に読んでいただいても、容易に理解していただくことができなかった。そこで日本の読者、とくにバレーボールの指導者や選手の方々への理解を優先させ、かなり大胆な意訳を試みた部分も少なからずある。推敲を重ねたが、もしも読みにくいところがあるとしたら、すべては私の非才のゆえであり、その点は平にお許しいただきたい。

最後に、あしかけ2年にわたって本書の出版にご尽力をいただいた大修館書店の平井啓允取締役部長、また担当として丁寧な校正と編集をしていただいた久保友人さん、三浦京子さんに心からお礼を申し上げます。

平成21年3月

白石　豊

[著者紹介]

マイク・ヴォイト（Mike Voight）

南カリフォルニア大学（USC）体育学部専任講師、カリフォルニア州立大学フルトン校体育学部非常勤講師。7年間USCのスポーツ心理学コンサルタントをつとめ、バレーボール、アメリカン・フットボール、バスケットボール、サッカー、ゴルフ、テニス、水泳、水球、およびダイビングチームの選手やコーチをサポート。2002年、同大学女子バレーボールチームの全米選手権連覇に貢献した。

アメリカ応用スポーツ心理学会公認のスポーツ心理カウンセラーであり、同時に体力トレーニングにおいてもCSCS公認のライセンス（NSCA認定ストレングス＆コンディショニングスペシャリスト）を持つ。多面的に最新スポーツ科学の研究成果を実践に応用し、具体的なプログラムを構築することで大きな成果をあげる。その指導はさまざまな競技種目にわたり、大学のトップ選手だけでなく、オリンピック、プロスポーツの選手やチームを支援している。

ロサンゼルスを拠点にした広範なコンサルティングは全米に広がっており、これまでにハーバード大学、テキサス大学、バンダービルト、オレゴン州、UNC-シャルロット、ラトガース、チャタヌーガなど各地で指導。女子プロバスケットのニューヨーク・リバティやワシントン・ミスティックスなどのコーチングスタッフとも緊密な連携をとり、情報を交換している。また、米国オリンピック委員会のスポーツ心理学者としてもリストアップされている。

さらに、国内外の学会で数多くの研究成果を発表し、スポーツ心理学、スポーツ科学、およびコーチング関連の出版物にも多くの記事を寄稿。スポーツ科学ジャーナルの編集委員のひとりでもあり、さらに2冊の応用研究誌のレビューも行っている。

カリフォルニア在住。

[訳者紹介]

白石　豊（しらいし　ゆたか）

1954年生まれ。1979年筑波大学大学院体育研究科修了。現在、福島大学人間発達文化学類教授。2009年から福島大学附属中学校校長を兼任。福島県スポーツ振興審議会会長、福島大学スポーツユニオン副理事長。

大学での講義のかたわら、数多くのトップスポーツ選手にメンタルトレーニングの指導を行い、アトランタ五輪の女子バスケットボール（7位）、シドニー五輪の新体操（5位）では日本代表チームのメンタルコーチをつとめる。他に、プロ野球では北海道日本ハムファイターズ（2001～04年）、下柳剛投手（阪神タイガース、2005年セリーグ最多勝）、スピードスケートの田畑真紀選手、競輪の岡部芳幸選手などに指導を行い、成果をあげている。

主な著作に、『実践メンタル強化法』『スポーツ選手のための心身調律プログラム』『ゴルフのメンタルトレーニング』『野球のメンタルトレーニング』『ゴルフ頭脳革命』『サッカーのコーディネーショントレーニング』（以上、大修館書店）、『心を鍛える言葉』（ＮＨＫ生活人新書）、『運動神経がよくなる本』（カッパブックス）など、多数がある。

バレーボールのメンタルトレーニング

NDC783／229p／19cm

初版第1刷――2009年5月15日

著　者――マイク・ヴォイト
訳　者――白石《しらいし》 豊《ゆたか》
発行者――鈴木一行
発行所――株式会社大修館書店
〒101-8466　東京都千代田区神田錦町3-24
電話03-3295-6231（販売部）03-3294-2358（編集部）
振替00190-7-40504
[出版情報] http://www.taishukan.co.jp

装丁者――中村友和（ROVARIS）
編集協力――錦栄書房
印刷所――壮光舎印刷
製本所――三水舎

ISBN978-4-469-26680-1　Printed in Japan